GOODIES DER WOCHE

CHRISTIAN GUSTAVS

INHALT

GOODES
DER WOCHE

CHRISTIAN GUSTAVS

Bibliografische Information der Deutschen Nationalbibliothek:
Die Deutsche Nationalbibliothek verzeichnet diese Publikation
in der Deutschen Nationalbibliografie, detaillierte bibliografische Daten sind im Internet über http://dnb.dnb.de abrufbar.

© 2020 Christian Gustavs
Herstellung und Verlag:
BoD – Books on Demand, Norderstedt

ISBN: 978-3-7519-7075-4

VORWORT

Da wollte ich doch schon als Kind unbedingt mal ein Buch veröffentlichen und jetzt sitz ich hier und soll ein Vorwort schreiben, um dieses Projekt tatsächlich fertigzustellen… Irgendwie ein komischer Gedanke.

Ein Vorwort sollte ja soweit möglich beinhalten, was mich inspiriert oder begleitet hat während der Zeit, in der ich die Goodies geschrieben habe. Und früher oder später bleibe ich dabei immer an einer Aussage hängen:

«Es geht nicht um mich, aber es ist meine Geschichte»

Dieser Satz, der Untertitel von David Tognis erstem «LoveYour-Neighbour»-Buch, hat mich irgendwie schon immer fasziniert. Denn eigentlich ist es genau der Knackpunkt, mit dem jeder christliche Autor oder Prediger zu kämpfen hat. Auf der einen Seite erzähl ich *meine* Geschichte. Die Stories, die *ich* erlebt habe. Ich erzähle von *meinen* Siegen, *meinen* Niederlagen. Aber es geht dabei nicht um mich. Es geht um ihn. Ich erzähle meine Story, damit jemand anders zur Geltung kommt.

Und dieser Spagat ist gar nicht so einfach zu vollbringen. Denn einerseits muss man mal das eigene Ego unter Kontrolle bringen. Und dann muss man es auch irgendwie so präsentieren, dass die Leser/Hörer verstehen: Es geht nicht um den Autor, auch wenn es seine Stories sind. Es geht um Gott.

Ich hab mir wirklich Mühe gegeben. Aber natürlich bin auch ich kein reiner Engel, da wär leugnen zwecklos. Und spätestens als ich im Januar 2020 entschied, das Kapitel abzuschliessen, und die Idee mit dem Buch aufkam, da gingen ab und zu auch die Fantasien durch mit mir. Dann träumt man von Standing Ovations bei der Verabschiedung – oder von den leergeräumten Bücherregalen… Und eines Abends hat mir Gott dann mal auf die

Schulter getippt und gefragt, um wen es denn nun schon wieder gehe?

Eine Geschichte ist auch ein Prozess. Dinge und Ansichten verändern sich im Verlauf der Zeit. Auch meine Überzeugungen sind nicht in Stein gemeisselt, und so kann es vorkommen, dass ich in fünf Jahren auf manche Goodies zurückschauen, und sie vielleicht nicht mehr 1zu1 so unterschreiben würde. Dieses Buch ist kein wissenschaftlicher Text mit unumstösslichen Wahrheiten, sondern eine Momentaufnahme von Dingen, welche ich als 0815-Mensch erlebt, erfahren und gelernt habe.

Es geht nicht um mich. Und doch ist es meine Geschichte. So präsentiere ich dir hier voller Stolz dieses Buch. Mein Buch. Ein Buch, welches für den Rest meines Lebens ein Teil meiner Geschichte sein wird. Aber ein Buch, in dem es nicht um mich geht.

GEBRAUCHSANWEISUNG

Die Goodies erschienen während zwei Jahren als wöchentlicher Kurzinput für den Godi Amriswil. Ich würde empfehlen, das Buch so zu lesen. Wenn du es voller Freude an einem Nachmittag verschlingen willst, tu dir keinen Zwang an. Aber ich denke am besten ist es, diese Stories Stück für Stück zu nehmen, die Botschaft etwas wirken zu lassen und dann zum nächsten zu gehen.

Du musst die Goodies auch nicht am Stück lesen – du bist ein freier Mensch und kannst sie in welcher Reihenfolge auch immer lesen. Wenn du gerne etwas stöbern willst, findest du sämtliche Goodies im Inhaltsverzeichnis ganz hinten im Buch aufgelistet.

Manche Goodies sind aus bestimmten Tagesaktualitäten entstanden, aus Ereignissen, Feiertagen usw. In einem Buch funktioniert das natürlich nicht mehr. Ich bin aber sowieso ein Fan vom Gedanken, dass wir uns auch im Juni an Weihnachten und im Oktober an Ostern erinnern sollen – also ist das kein Problem. Ansonsten klebst du dir einen Zettel rein und sparst dir den Goodie einfach bis zum richtigen Datum auf.

In manchen Goodies sind QR-Codes integriert, normalerweise, um auf ein Video zu verweisen, welches ursprünglich im Goodie enthalten war. Falls du keine Möglichkeit hast QR-Codes zu scannen, sind die Links auch hinten im Buch aufgeführt. Leider können wir allerdings nicht garantieren, dass die Links ewig funktionieren, da sich auch Webseiten mal aktualisiert und geändert werden.

UND BEVOR'S VERGESSEN GEHT...

...vielen Herzlichen Dank an Robine, Pascal, Olivia, Manuel, Barbara und Tanja fürs korekturlesen. Diesen Absatz haben Sie nicht kontrolliert, desshalb isst der jetzt voller Fähler. Aber vor teologischen Fettnäpfchen wie «Ihr müsst *breit* sein, um Jesus nachzufolgen», haben sie mich bewart. Merci dafür.

Danke auch dem ganzen Godi-Team, all den Leuten, welche das Projekt möglich gemacht haben – insbesondere Dave Ohnemus, der nicht nur die irrsinnige Idee hatte, mich überhaupt dafür anzufragen, sondern mir vom ersten Goodie bis zur Buchproduktion mit Tipps, Tricks und ganz viel Knowhow tatkräftig zur Seite gestanden ist!

Und ja, dann gilt mein Dank auch Gott. Dass ich die Fähigkeit habe, solche Texte zu schreiben – dass ich überhaupt einfach so ein Buch veröffentlichen kann, ohne Angst vor Zensur... Manchmal, um ehrlich zu sein viel zu oft, vergisst man, dass nur ein paar wenige privilegierte Prozent der Weltbevölkerung solche Möglichkeiten haben. Danke Gott für dieses Geschenk!

guschti

FLIEGEN FLIEGEN FENSTERN NACH

Es ist wieder Sommerzeit. Es ist wieder Zeit für die dümmsten Flugobjekte unter der Sonne, uns den Tag zur Hölle zu machen. Ganz ehrlich, ein Flugzeug hat einen höheren IQ als diese orientierungslosen Crashpiloten.

Im Ernst, kennst du das Problem? Eine fette, laute Fliege ist im Zimmer und versucht unablässig zum Fenster raus zu fliegen. Sie kommt nicht durch, jedes Mal knallt es, wenn sie gegen die Scheibe prallt, und je öfters sie ihr Gehirn zertrümmert hat, desto lauter surrt sie umher auf der Suche nach einem Ausgang.

Andere Menschen würden sie einfach zur Strecke bringen. Ich für meine Person bin äusserst sozial, kann im wahrsten Sinne des Wortes keiner Fliege was zuleide tun, und eile ihr zur Hilfe. Ich öffne das Fenster, der Weg ist frei. Denkst du, das dumme Vieh checkt das? Keine Chance, es fliegt stur in den anderen Fensterflügel. Oder es macht eine Extrarunde um das offene Fenster, um doch wieder auf der falschen Seite der Scheibe zu sein. Gut, man kann ja noch die Balkontüre öffnen. Und den zweiten Flügel. Nein, nein, nein! Sie will nicht. Man kann ihr mit einem Blatt Papier die Richtung weisen, sie nimmt jedes Mal den falschen Weg. Unvergleichlich dumm!

Dumm? Ja. Unvergleichlich? Ich glaube wir Menschen sind ganz ähnlich. Wie oft sind wir irgendwo gefangen und kommen nicht raus? Das kann ein Streit mit einem Kollegen sein, eine lästige Krankheit, die grosse Prüfung nächste Woche, Terminstress, Beziehungsprobleme, irgendwas. Und wir suchen nach tausenden Lösungen, verdrängen, vergessen, haben schlaflose Nächte… alles Mögliche kommt uns in den Sinn. Nur nicht das Offensichtliche, nur nicht das offene Fenster: Einfach mal ehrlich vor Gott zu kommen und ihm das Problem hinzulegen, ihn um Hilfe zu bitten.

Klar, ein kurzes Gebet zum Himmel liegt schon mal drin, aber dann auch hören, ob vielleicht eine Gebrauchsanleitung, ein Wegweiser von Gott zurückkommt? Eher selten. Oder anders gesagt: Wie oft hat man schon Leute gefragt, ob man für einen Schmerz beten soll und die Antwort war: «Danke, aber so schlimm ist es nicht.» Das Gebet und die Beziehung mit Gott sollte nicht unsere letzte Option sein. Es sollte unsere erste Option sein. Denn selbst wenn man auch erst ins nächste Zimmer fliegen, dort 5min warten und dann durch ein anderes Fenster entkommen kann, ist es immer noch einfacher, direkt das offene Fenster vor deiner Nase zu benutzen.

Sei keine Fliege. Fliegen sind dumm!

PS: An alle Fliegenliebhaber, die mir jetzt die Tür eintreten und mich eines Besseren belehren wollen: Lasst es sein. Fliegen sind dumm!

DANKE JOHN MCCAIN

An einer amerikanischen Wahlveranstaltung 2008: John McCain, Gegner von Barack Obama, beantwortet Publikumsfragen (Video siehe QR-Code).  Mehrmals äussern Menschen ihre Sorgen über eine mögliche Präsidentschaft von Obama. «Mr. McCain, ich habe Angst vor Obama. Ich kann ihm nicht vertrauen. Ich habe viel über ihn gelesen, er arbeitet mit Terroristen zusammen. Er ist ein Araber.» usw.

Es gibt Politiker (ich möchte keine Namen nennen, aber es gibt sie), die wären darauf sofort eingegangen. Um ehrlich zu sein, es gab viele Politiker damals, die sind darauf eingegangen. Ängstliche und falsch informierte Leute, ein gefundenes Fressen in einem Wahlkampf. Wer würde diese Chance nicht nutzen?

McCain hat in diesem Moment den Mut, vor versammelter Wählerschar zu sagen: «Nein, das stimmt nicht! Er ist ein anständiger, freundlicher Mensch. Ich habe einfach ein paar entscheidende Meinungsverschiedenheiten mit ihm, und darum sollte es bei dieser Wahl gehen!» Er steht also hin und sagt: «Mein Gegner ist gar nicht so schlimm, wie ihr denkt.» Vor einer Wahl Angstbilder zu zerstören, ist doch politischer Selbstmord! Warum tut dieser Mann das?

McCain hat verstanden, worum es in der Politik wirklich gehen sollte. Um Inhalte, nicht um Klatschpresse. Und er hat verstanden, dass man seine Gegenüber auch respektieren kann, soll und muss, auch wenn sie andere (politische) Meinungen vertreten. McCain hat während seiner Zeit in der Politik immer wieder die Vernunft und die eigenen Werte mehr gewichtet als die Parteilinien. Er hat verstanden, dass Politik kein Kindergarten ist (sein sollte), sondern dass es darum geht, Kompromisse einzugehen, um am Ende möglichst vielen Menschen ein möglichst gutes Leben zu ermöglichen.

Wenn ich mir die Reden und Wahlkämpfe vieler Politiker heute anschaue, dann wünschte ich es gäbe mehr John McCains. In allen Parteien. Ob links oder rechts. Politiker, die verstehen, dass es darum geht, zusammen zum Wohle aller Lösungen zu finden, auch wenn man dabei manchmal nicht den eigenen Grind durchsetzen kann.

Doch ich wünsche mir nicht nur mehr John McCains in der Politik. Ich wünsche mir, dass du ein John McCain wirst. Dass ich einer werde. Dass wir alle einander respektieren können, auch wenn wir Meinungsverschiedenheiten haben. Dass wir gemeinsam Lösungen suchen, statt vor Diskussionen davonzulaufen. Gerade innerhalb des Christentums gibt es so viele verschiedene Ansichten, so viele Auslegungen. Und ich sag euch gerade heraus: Ich stimme vielem nicht zu, was heute in gewissen Kirchen abläuft. Ich halte einige Ansichten von Christen schlicht für falsch. Aber dann sollten wir uns nicht mit unseren Meinungsgenossen in einen Raum einschliessen und über die anderen wettern. Dann sollten wir zusammenkommen, darüber beten, in der Bibel nach Antworten suchen.

Wenn das eintrifft, wenn sich Menschen wieder respektieren, ungeachtet ihrer politischen, religiösen oder sonstartigen Idealen, dann wird einiges einfacher auf dieser Erde. Wenn wir unsere Diskussionen mit Argumenten statt mit Unterstellungen führen, dann können wieder Lösungen gefunden werden. Und ja, vielleicht wird dann sogar Amerika wieder gross gemacht...

John McCain ist diesen Samstag (25/08/2018) gestorben. Und auch wenn ich mit vielen von seinen Ansichten und Meinungen nicht übereinstimme, sage ich danke für die Werte, für die er eingestanden ist!

DIESES POULET!

Im Sommer 2019 war ich mit einer Jugendreise in Israel. Und alle, die da nicht mitgekommen sind, haben gehörig was verpasst!

Was genau sie verpasst haben? Ja, da komm ich ins Erzählen. Und wenn ich euch von Israel erzählen würde, von Tel Aviv und Jerusalem, von der Wüste Negev und dem See Genezareth, von Raketengefahr und Worship Zeiten, dann käme ich garantiert irgendwann auf dieses Poulet zu sprechen. Es ist so absurd, aber das, wovon ich am meisten schwärme, wenn ich von Israel erzähle, ist dieses Poulet! Leute, ich muss euch erzählen! Es war einfach soooooo gut!!!

Wir waren am See Genezareth im St.Peter's Restaurant. Eigentlich ist es ja ein Fischrestaurant, also sollte man vom Poulet nicht zu viel erwarten, aber ich sag euch, dieses Poulet (genauer gesagt diese Pouletbrust), es war das beste Stück Nahrung, das jemals meinen Verdauungstrakt durchquert hat. So saftig! So zart! Nur Fleisch, kein bisschen Knochen oder Knorpel! Und das war ja kein 5-Stern-Restaurant. Das ist so ein Touristenladen, darauf ausgelegt möglichst viele Leute gleichzeitig abzufertigen. Aber diiiieses Poulet!!! An alle die denken, sie wissen wie feines Poulet schmeckt, ihr habt dieses Poulet noch nicht gegessen! Eigentlich ist es mehr als nur ein Poulet! Es ist eine Offenbarung. Ein Leben ohne dieses Poulet ist zwar möglich, aber sinnlos! Eigentlich sollten alle Menschen einmal im Leben dorthin pilgern, um zu wissen, was gutes Essen bedeutet.

Wenn ich mich so reden höre, bzw. schreiben sehe, frage ich mich schon, ob ich noch alle Hühner im Stall habe (Achtung Flachwitz). Nein im Ernst, es ist schon absurd. Aber ich bin einfach begeistert von diesem Poulet. Ich kanns nicht ändern. Es war so gut, dass ich einfach jedem davon erzählen will. Ich will davon schwärmen. Ich will es loben, es anpreisen, andere darauf aufmerksam machen.

Dieses Poulet begeistert mich, und ich bin sicher, jeder von euch hat auch sowas in seinem Leben. Und wie unglaublich cool wäre es, wenn uns Jesus genauso begeistern würde wie dieses Poulet mich begeistert! Und wie unglaublich cool wäre es, wenn wir von ihm genauso schwärmen würden!

Ich wünsche dir eine suuuper Woche, dass du es einmal im Le-ben zum St.Peters Restaurant schaffst, und das du Jesus so krass zu lieben lernst, dass du nur noch schwärmen kannst.

WENN DIE WELT KEINE SICHERHEIT MEHR BIETET

Am 11. September 2001 kam es zu den wohl berühmtesten Terroranschlägen der Geschichte. Ich selber hab das mit 2 Jahren noch nicht mitbekommen und viele von euch lebten noch nicht mal zu dieser Zeit. Doch es hat die Welt, in der wir heute leben, geprägt.

Ich sah mir vor ein paar Wochen auf YouTube ein paar Live-Schaltungen vom amerikanischen Fernsehen an. Es bricht einem einfach das Herz. Da läuft irgendeine Frühstückssendung… Breaking News, anscheinend brennts im WTC, wir wissen nicht genau warum… Dann labern sie 10 Minuten, niemand versteht, was gerade abläuft. Und dann sieht man auf NBC News diesen «wunderschönen» Winkel: Die beiden Türme, einer brennt, und fast unsichtbar und scheinbar völlig harmlos fliegt ganz klein ein zweites Flugzeug heran. Schnitt, anderes Bild, die Kommentatoren merken es gar nicht. Dann die Explosion, man ist verwirrt, ist es im selben Tower oder im anderen, einige haben ein Flugzeug gesehen, andere nicht. Je länger je mehr merken die Menschen, dass etwas Ungeheuerliches abläuft. Es wird recherchiert, nachgefragt, die ganze Welt schaut nun zu. Eine grosse Rauchwolke, der erste Turm verschwindet, und wieder realisiert zuerst niemand, was passiert. «Da ist wohl ein Teil eingestürzt. Ich nehme an, die werden die Türme später abreissen müssen, weil sie so beschädigt sind.» Bei NBC News merken sie erst satte 8 Minuten später, dass der Turm gar nicht mehr steht! Vielleicht wollten sie es auch einfach nicht merken… Es ist alles zu schrecklich. Als der zweite Turm einstürzt, berichtet die Kommentatorin, als wenn sie gerade Leuten beim Einkaufen zusehen würde. Total emotionslos. Total fassungslos.

Die Terroristen haben diesen Anschlag so medienwirksam wie nie zuvor geplant. Zur besten Sendezeit erfolgte der Anschlag, halb Amerika sass vor dem Fernseher. Es gibt die berühmten Fotos von den Menschen, die vom Turm springen. Es gibt die Fotos von den Feuerwehrmännern, die hineingehen, um Leuten zu helfen. Heute wissen wir, sie kamen nie wieder raus. Es gibt Tonaufnahmen von Leuten, die der Polizei anrufen, weil sie im WTC eingeschlossen sind, man hört ein lautes Krachen, Schreie, Leitung tot. Ach, wenn es nur die Leitung wäre... Ich schaue es, höre es, und ich frage mich die ganze Zeit: Wie kann das sein? Wie kann das nur sein? Wie kann das sein, dass man morgens aufsteht, Business as usual macht, und dann... Wie kann das sein?

Worauf will ich heraus? Man könnte jetzt Moralpredigten schreiben. Dass Gott an diesem Tag das geldsüchtige Amerika gestraft hat. Man könnte Verschwörungstheorien verbreiten, dass das alles in Wirklichkeit ganz anders ablief. Aber das alles will ich nicht und ich halte es ehrlichgesagt für Blödsinn. Mir ist etwas anderes hängen geblieben: An diesem Tag, am 11. September 2001, starben 3000 Menschen. Und mit ihnen der Glaube, dass die USA unverwundbar sei. Amerika war von zwei Weltkriegen verschont geblieben (mit Ausnahme von Pearl Harbor). Die Soldaten kämpften in Europa, aber das Land selbst war nie betroffen. Doch an diesem Tag wurde New York, Wahrzeichen dieses stolzen Landes, angegriffen und die Sage des unbezwingbaren Landes der unbegrenzten Möglichkeiten war dahin.

Mir zeigt dieser Angriff, dass es auf der Welt einfach keinen unverwundbaren Ort gibt. Europa wurde in den letzten Jahren ebenfalls wieder daran erinnert. Die Schweiz bleibt bisher verschont. Und doch könnte auch hier jederzeit etwas passieren. Seinen Wert auf dieser Erde zu suchen, seine Sicherheit auf Geld zu bauen, das hat einfach keinen Sinn. Es kann dich überall treffen. Leben ist lebensgefährlich. Alles was dir bleibt, wenn ein

Wahnsinniger ein Flugzeug in einen Wolkenkratzer lenkt, ist die Frage: Bist du mit Jesus oder bist du ohne Jesus. Hast du dein Leben für ihn gelebt oder ohne ihn. Alles andere, dein Reichtum, deine Familie, deine Freunde, dein Job – wertlos. Von der Putzfrau bis zum Manager wurden alle dahingerafft, die zur falschen Zeit am falschen Ort waren.

Ich glaube, solch unbegreifbare Ereignisse zeigen uns auf, wo unsere Prioritäten sein sollten. Es ist ok, sich ein schönes Leben auf dieser Erde zu gestalten, ich geniesse es auch. Aber was am Ende zählt ist: Mit oder ohne Gott. Das sollte unser Leben bestimmen!

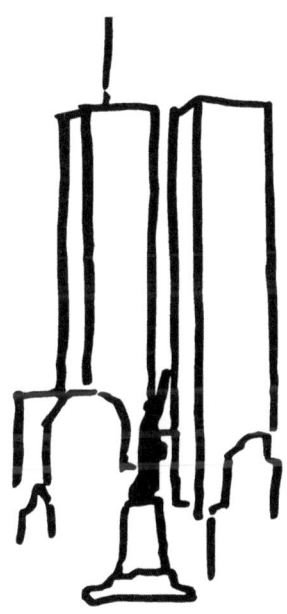

DAS KÜRBISPROBLEM

Ich weiss nicht, wie sehr du Kürbis magst. Ich finde es eigentlich ganz ok. So ab und zu mal eine Kürbissuppe ist super, nicht zu oft. Als wir in Afrika lebten, hatten wir einen Hof. In diesem Hof versuchten wir immer wieder, etwas anzubauen. Nur leider klappte das nie... Wir versuchten z.B. auch Kürbis anzupflanzen. Keine Chance. Zu viel Fels, zu wenig fruchtbare Erde...

Wir hatten eine Haushälterin, die kochte jeweils einmal wöchentlich für uns. Beim Kochen gibt es selbstverständlich Kompostabfälle. In der Schweiz würde man das ja in die grüne Tonne werfen, aber wozu eigentlich, wenn man einen Garten hat? Also warf sie das Zeugs einfach weg. Und als die nächste Regenzeit kam, waren da plötzlich Kürbisse! Meeega cool! Es gab nur ein Problem: Diese Pflanze betrieb eine äusserst expansionistische Politik. Innert kürzester Zeit war unser halber Garten überwuchert mit Kürbispflanze. Und man muss sich vorstellen, das ist ja dann nicht voll mit Kürbissen, das ist in erster Linie Pflanze und ab und zu gibt's auch einen Kürbis. Wie bringt man die jetzt weg? Wir hatten noch Ziegen und dachten, die lassen wir jetzt mal auf die Pflanze los. «Wääääääääh, wir haben keine Lust», haben die gesagt. Jetzt hatten wir ein Problem, denn die Pflanze hatte sich längst äusserst erfolgreich im Boden verankert, und es brauchte einen ziemlichen Aufwand, um die Kürbisplage einzudämmen. Unglaublich. Aus ein bisschen Abfall ist ohne viel zu tun unsererseits ein richtiges Unkraut geworden. Was als Suppenmalzeit ab und zu ganz nett ist, ist bei zu grossem Vorkommen richtig problematisch.

Und schau, genauso ist es doch auch in unserem Leben. Wie schnell arten doch Dinge aus? Sei es der Alkoholkonsum, Gamen, Fernsehen whatever. Wie schnell wird aus einer Sache, welche ganz nett und überhaupt nicht schlimm ist, ein problematisches Unkraut? Und das grösste Problem ist genau das, dass es nämlich aus etwas Unproblematischem entstanden ist. Das nutzt der Teufel sofort aus. Er verdreht Gottes Ideen und Regeln und spielt uns vor, dass wir im Recht sind. Das hat er schon bei den ersten Menschen gemacht. Adam und Eva konnten von allen Bäumen essen, ausser einem. Sie hatten so viele Rechte, so viel Auswahl, und ich garantiere euch, das waren alles gute Früchte, welche die essen durften. Ich glaube kaum, dass es im Paradies schlechtes Obst gab. Aber dann kam der Teufel und sagte: «Stimmt es, dass ihr von KEINEM EINZIGEN BAUM essen dürft??? Das ist ja schrecklich! Sag mal Eva, wie hältst denn du das aus? Ist ja uuuuunglaublich fies! Was ist das bloss für ein Gott, der immer alles Gute nur für sich will? Der euch alles vorenthält? Schau mal, auch den Baum der Erkenntnis, der will alles nur für sich, will nichts mit euch teilen, der ist so egoistisch! Ich weiss nicht wie du das überlebst, also ich könnte solche Ungerechtigkeit nicht ertragen…» usw. Und Eva kam zum Schluss: «Stimmt! Das ist ja echt mega fies von Gott! So ein Egoist! Komm Adam, lass uns essen!»

Und heute ist es genau gleich. Wenn in der Bibel steht, du sollst kein Säufer sein und dich nicht betrinken, kommt der Teufel sofort und fragt: «Hei, stimmt es, dass Gott dir verbietet auch nur den kleinsten Tropfen Alkohol zu trinken??? Und sag mal, du darfst ja gar nicht Gamen? Nein, noch viel schlimmer, er will dich die ganze Zeit nur für sich haben, entweder musst du beten oder zur Kirche gehen, oder Bibel lesen, oder evangelisieren! Nie Kino, nie Disco, nie Spass! Das ist ja schlimm! Wie hältst du das nur aus???» Und viele Menschen kommen zum Schluss: «Stimmt, was für ein Arschloch, dieser Gott! Kann mir mit seiner Gnade und seiner Null-Toleranz-Politik gestohlen bleiben, ich geniesse mein Leben! Tschüss» Dabei hat Gott doch gar nichts gegen das Feierabendbier gesagt! Jesus selber hat auch Wein getrunken. Und auch gegen ab und zu ins Kino gehen oder an einen Fussballmatch oder in die Disco whatever. Kein Problem.

Wenn ich sage, Gott soll die Nummer 1 sein in meinem Leben, deutet das doch an, dass es auch eine Nr2 und 3 gibt! Das ist ok. Solange die Prioritätenliste die richtige Reihenfolge hat.

Natürlich gibt es immer noch einen Unterschied zwischen «ein Bier trinken» und «sich betrinken». Es gibt eine Grenze, wo «ab und zu mal ans Handy» aufhört und «nicht mehr ohne Insta überleben» beginnt. Und da müssen wir ansetzen. Denn es passiert unauffällig. Ein Bisschen Kompost, der vor ein paar Monaten unachtsam entsorgt wurde. Und dann kommt mal ein Kürbis, und wir denken: «Wow cool, mal wieder Kürbissuppe, das wird doch super!» Und dann hört es nicht mehr auf und geht nicht mehr weg und wird zu einem Unkraut, welches unser ganzes Leben überwuchert und so viel Platz wegnimmt, den wir für anderes, z.B. Beziehungen, Arbeit und Gott, benötigen würden. Wir müssen also immer wieder über die Bücher. Komme ich noch ohne das aus, oder brauche ich es schon zwingend? Die meisten Süchtigen erzählen voller Selbstbewusstsein, wenn sie nur wollten, könnten sie von einem Tag auf den anderen aussteigen. Teste das mal und probiere mal, wirklich eine Woche oder schon nur 2 Tage, ohne Handy auszukommen. Und wenn du merkst, dass etwas zu überwuchern beginnt, dann muss man manchmal drastische Massnahmen ergreifen. Dann muss vielleicht mal der ganze Kürbis weg, bevor wieder Neuer gepflanzt werden kann.

WELCHEN ANSCHLAG MEINEN SIE?

«Distanzieren sie sich vom Anschlag am 7. Januar 2015?» «Von welchem? Dem mit den vielen Opfern oder dem mit den vielen Mitgefühlen?» «Wie meinen sie das?» «Am 7. Januar wurden im Jemen 34 Menschen in die Luft gesprengt…» «…dann meinen wir den mit dem vielen Mitgefühl.»

Ein kurzer Dialog aus der Satiresendung «Die Anstalt», der für so viel mehr steht als politisches Kabarett. Ich finde es schon bedenklich. Sterben in Westeuropa 10 Menschen, dann erwarten wir von der ganzen Welt, dass sie mit uns trauert. Alle Fahnen auf Halbmast, alle Politiker verurteilen aufs Schärfste, sämtliche Wahrzeichen der Erde werden auf blauweissrot gestellt. Wird im Nahen Osten ein Bus mit Schülern in die Luft gesprengt von einer Armee, welche von Deutschland (und der Schweiz) mit Waffen beliefert wird, dann können wir froh sein, wenn wir überhaupt etwas darüber erfahren. Dass 12 Jugendliche in Thailand in einer Höhle eingesperrt sind, kann man zum grossen Medienereignis machen, der Globus fiebert ein paar Wochen lang mit. Gleichzeitig verhungern tausende Menschen, weil wir unser Geld lieber ins neuste Handy statt in Entwicklungshilfe stecken.

Warum werden tausende Artikel geschrieben, wenn ein Basketballer stirbt, aber kaum einer interessiert sich dafür, dass mein Bruder mit knapp 20 tödlich verunglückt? Warum leiden alle mit, wenn ein Promipärchen eine Ehekrise hat, und niemand interessiert sich dafür, wie ich mit der Scheidung meiner Eltern klarkomme? Wie kann es sein, dass der Suizid eines drogensüchtigen Filmstars die ganze Welt beschäftigt, aber keiner fragt nach, wie es mir geht, und ob ich mit meinem Leben eigentlich klarkomme? Warum zeigt der Blick auf der Frontseite den Millionenwagen, den Promi XY gerade verschrottet hat, und nicht, wie wir versuchen mit Sozialhilfe über die Runden zu kommen?

#FragenüberFragen. Die Welt scheint einfach nicht gerecht zu sein. Als Gesellschaft differenzieren wir ganz klar zwischen den Menschen, die uns interessieren, die wichtig sind, und denen, welche niemanden kümmern. Es scheint wichtige Menschen zu geben und unwichtige. Menschen mit Wert und solche ohne Wert.

Ja, genau, du hast es erraten, Standarthöhepunkt: Aber bei Gott sind alle Menschen gleich. Haha, blabla, tausend Mal gehört, wird langsam langweilig. Aber es stimmt eben wirklich. Das ist eine der faszinierendsten Eigenschaften an diesem Gott, dass er eben nicht differenziert zwischen wichtig und unwichtig, sondern, dass er jeden Menschen geschaffen hat, jeden Menschen liebt, mit jedem Menschen Beziehung haben möchte. Und ich bin tatsächlich froh, dass ich eben immer zu ihm kommen kann, immer mit ihm reden kann, und weiss, dass ich bei ihm die Nummer Eins bin.

Menschen werden immer bewerten, immer vergleichen, immer unterscheiden. Gott nicht. Und wenn du einer bist, der gerade durch schwere Zeiten geht, sich unverstanden fühlt, sich ignoriert fühlt, sich ausgeschlossen fühlt, dann möchte ich dir für diese Woche zusprechen: Gott ist für dich da. Und er wünscht sich, Zeit mit dir zu verbringen, deine Sorgen zu hören, deine Wunden zu heilen. Ob ein Star in den sozialen Medien, ob ein Kind inmitten eines Bürgerkriegs, oder ein Teenager im langweiligen Kanton Thurgau. Gott liebt sie gleich. Gott trauert gleich. Gott freut sich gleich.

KÄMPFEN BIS ZUR ZIELLINIE

Schau dir zum Start das Video im QR-Code an:

Man könnte meinen es seien die Paralympics, die Spiele für Behinderte, aber so ist es nicht. Tatsächlich handelt es sich um den ersten Frauen-Marathon an Olympischen Spielen, 1984 in Los Angeles. Für die Läuferinnen geht es um mehr als nur den Sieg. Es geht darum, der Welt zu zeigen, dass auch Frauen fähig sind die härteste Renndistanz zu bewältigen.

Mit dabei ist auch eine Schweizerin, Gabriela Andersen-Schiess. Sie ist keine Medaillenanwärterin, hofft auf einen Platz in den Top15. Für einen grossen Teil des Rennens läuft alles nach Plan, doch dann verpasst sie die letzte von nur fünf Wasserstationen. Bei über 30°C ist das Mord. Als sie ins Stadion einläuft, welches nochmals deutlich heisser ist, stellt ihr Körper den Dienst ein. Sie torkelt wie betrunken über die letzten 400m. Manche Leute raten ihr aufzugeben, doch Andersen-Schiess winkt ab. Sie ist 39, es ist ihre einzige Chance an Olympischen Spielen, sie muss dieses Rennen zu Ende laufen. So rennt sie weiter. Unter dem tosenden Applaus der Zuschauer. Und sie kämpft sich durch. Bis zur Ziellinie.

Paulus schreibt in einem Brief: «Eins steht fest: Ich will vergessen, was hinter mir liegt, und schaue nur noch auf das Ziel vor mir. Mit aller Kraft laufe ich darauf zu, um den Siegespreis zu gewinnen, das Leben in Gottes Herrlichkeit.» (Philipper 3,13-14)

Auch wir sollen uns nicht darum kümmern, was hinter uns liegt. Wir sollen nicht aufgeben. Auch wenn wir fast am Ende sind, sollen wir weiter unbeirrt dem Ziel zulaufen. Auch wenn unser Körper, unser sündiger Teil, «nein» sagt, sollen wir unbeirrt auf das Ziel zulaufen. Das Leben mit Gott ist nicht immer Friede-Freude-Eierkuchen. Immer wieder werde ich durch Schicksalsschläge und Versuchungen ausgebremst, manchmal scheinen die Aufträge, die Gott mir gibt, zu gross. Wenn ich es dann auch noch verpasst habe, bei Gott die Batterien wieder aufzutanken, wird es richtig unangenehm! Und oftmals ist es noch zusätzlich peinlich, wenn man merkt, dass einem scheinbar tausende Leute dabei zusehen, wie man sein Leben nicht in den Griff kriegt. Doch Gabriela dachte nicht an Morgen, nicht an die Probleme, sie sah das Ziel, sie lief auf das Ziel zu. Auch wir sollen uns nicht beirren lassen von Sorgen, Ängsten und Bedrängnis, sondern unbeirrt auf das Ziel zulaufen. Und auch wir sollten uns bewusst sein: Wir haben nur diese eine Chance, dieses eine Leben.

Das tönt jetzt recht unangenehm, aber es gibt einen weiteren Aspekt an dieser Geschichte, den ich sehr ermutigend finde: Gott liefert uns nicht verantwortungslos einer Gefahr aus. Er ist der Arzt, der genau den Überblick hat, der ständig neben uns herläuft und der uns – wenn wirklich nichts mehr geht – auffängt.

FÜR IHN LEBEN

Wenn ein Mensch für einen anderen Menschen stirbt. Wenn er sich in den Schuss wirft. Ihn vom Auto wegstösst und selbst erfasst wird. Ihn aus dem brennenden Haus rettet, es aber selbst nicht mehr schafft. Wie reagieren wir Menschen? Ich habe ein paar solche Lebensberichte gehört, und immer ist die Antwort dieselbe: Ich will etwas zurückgeben. Ich will zeigen, dass sein Tod keine Verschwendung war. Ich will ein sinnvolles Leben leben.

Das ist keine explizit christliche Sache, auch wenn du wohl schon gemerkt hast, worauf ich hinaus will. Es ist tatsächlich eine total menschliche Reaktion. Wenn ein anderer sein Leben lässt, um meines zu retten, dann will ich mich dessen würdig erweisen. Ich will nicht einfach in den Tag hineinleben. Ich will dem anderen zeigen, dass er für eine «gute Sache» gestorben ist.

Und tatsächlich, genauso sollte es auch bei Jesus sein. Oft denken wir Christen nur die erste Hälfte des Satzes. Wir sagen: «Jesus ist für mich gestorben!» Wir vergessen, was die natürlichste, menschlichste Reaktion darauf ist, sein sollte, sein muss:

Jesus ist für mich gestorben, nun lebe ich für ihn.

So simpel ist es. Das meinen die vielen Bibelstellen, von wegen «Leg dein altes Leben ab und fang ein neues an.» und «Wir sind mit Christus gestorben.» In Jakobus 1,22 heisst es sogar ziemlich unzimperlich: «Allerdings genügt es nicht, seine Botschaft nur anzuhören; ihr müsst auch danach handeln. Alles andere ist Selbstbetrug!» Wenn Jesus für uns gestorben ist, wenn er uns ein ewiges Leben am besten Ort überhaupt ermöglicht hat, dann ist die natürlichste Reaktion, dass wir unsere eigenen Wünsche und Ziele zurückstellen und Jesus fragen: Was erwartest du nun von mir? Was ist mein Job auf dieser Erde?

Viele Christen leben nach dem Motto: Christus ist für mich gestorben, nun kann ich weiter mein Leben leben, und am Ende lande ich im Himmel. Ob dieser Weg funktioniert, ist eine andere Frage, über welche theologische Weltkriege ausbrechen könnten. Aber dass sie nicht die Idee war, ist meiner Einschätzung nach unbestritten. Die Idee, der Plan ist:

1. Ich sterbe für euch und ermögliche euch ein ewiges Leben mit Gott.
2. Ihr lebt euer Leben mit mir, ihr seid meine Zeugen auf der Erde, ihr erzählt die frohe Botschaft weiter, ihr macht diese Welt zu einem besseren Ort.
3. Wir feiern nach dem irdischen Tod Dauerparty im Himmel.

Das war die Idee. Nun finden wir immer, Gott stelle da eine unfassbar ungerechte, herausfordernde und undenkbare Forderung. Herausfordernd, keine Frage. Aber ansonsten? Das natürlichste der Welt.

Und weisst du, Gottes Plan zu folgen heisst nicht immer «leiden, leiden, leiden». Ein Leben mit Gott ist sowas von erfüllend, das macht die Schmerzen, welche vorkommen können, tausendfach weg! Und da ich glaube, dass Gott dir Gaben und Talente gegeben hat, bin ich auch ziemlich sicher, dass er deinen Auftrag genau so designen wird, dass du diese Geschenke auch nutzen kannst.

So möchte ich dich herausfordern. Willst du einfach nur das Dessert? Oder willst du vorher auch noch den Hauptgang rocken? Willst du einfach ein chilliges Leben führen, gemütlich, aber ohne Ewigkeitswert? Oder willst du ein Leben nach Gottes Plan leben, auf das du auch nach deinem Tod noch stolz sein kannst?

Nicht weil es eine Bedingung ist, um in den Himmel zu kommen. Sondern einfach aus Dankbarkeit, dass du in den Himmel gehen darfst!

ICH, DER ROUTINIER

Donnerstagmorgen, ich sause mit dem Fahrrad die Bahnhofstrasse runter. Zum Bahnhof versteht sich. Ausnahmsweise chilliges Tempo, denn die Zeit reicht vorig, bis der Zug losfährt.

Und dann passiert es: Ich werde von einem anderen Velofahrer überholt!!! «Na und?» werden jetzt die meisten denken. Aber wer weiss, wie ich und mein Bruder morgens jeweils den Hügel runterbrettern, ohne Rücksicht auf Grossmütter, Autofahrer und andere Verkehrsschnecken, der weiss, dass so eine Aktion nur eines ist: Majestätsbeleidigung. Und dass sie nur eines bedeutet: Krieg!

Doch an diesem Morgen bin ich in äusserst zufriedener Verfassung, und lasse mich nicht aus der Ruhe bringen. Beinahe ist die Geschichte schon vergessen, aber dann komme ich zum Veloständer und der andere sucht immer noch seinen Platz. Wie ein Raubtier behalte ich meine Beute nun im Blick. Während er noch mühsam seinen Schlüssel hervorkramt, habe ich längst meine Lücke gefunden, einparkiert, Schlüssel raus, abgeschlossen. Ich laufe davon, glücklich, dieses inoffizielle Rennen gewonnen zu haben. Am Gleis ist er dann erst ca. 15 sec nach mir (nein, ich hab nicht auf die Uhr geschaut, soooo crazy bin ich nicht). Der Sieg ist mein!

Ich will gar nicht weiter auf die Tatsache eingehen, dass ich diese Situation effektiv als kleinen Wettkampf betrachtete, denn das würde dazu führen, dass ich eingeliefert werde. Stattdessen möchte ich den Sieg nun analysieren (macht das Ganze aber irgendwie nicht besser, oder?). An was ist mein Kontrahent gescheitert? Offensichtlich hatte er die Beine und auch das Fahrrad, um schnell zu sein. Aber er ist an mir aufgrund mangelnder Routine und Erfahrung gescheitert. Während er keinen erkennbaren Plan hatte bei der Parkplatzsuche, wusste ich längst, wo es jeweils mindestens einen freien Platz hat, und die Handgriffe zum Abschliessen sind eingeübt. «Routinier schlägt die jungen Wilden», wird Blick am Abend später verkünden. Dass der Typ älter war als ich, sollten wir ignorieren.

Auch ganz ohne dumme Sprüche meinerseits: Es ist einfach so. Man kann noch so motiviert und energiegeladen sein, Erfahrung macht es immer leichter. Gerade als Teenies und junge Erwachsene überfliessen wir oft vor Energie, Tatendrang und Motivation, die Welt zu verändern. Aber meistens fehlen uns dabei Erfahrung und Weisheit. Überall im Leben, aber besonders auch im Glauben. Und genau deshalb ist es wichtig, dass wir nicht nur in unserer Jugendblase leben, im Godi Jugendgottesdienst feiern und freitags in die Jugendgruppe der Kirche gehen. Sondern dass wir den Austausch mit dem alten Eisen pflegen, ihre Geschichten hören, von ihnen, ihren Fehlern und Erfolgen, von ihrer Erfahrung profitieren.

Mein Grossvater ist im Sommer gestorben, und immer wieder wünschte ich mir, ich wäre öfters mit ihm zusammengesessen und hätte mehr von seiner spannenden und ereignisreichen Geschichte profitieren können. Warten wir also nicht bis uns das Wissen einer ganzen Generation wegstirbt! Profitieren wir heute davon. Die meisten älteren Menschen freuen sich nämlich, aus ihrem Leben zu erzählen. Sie warten nur auf ein Signal unsererseits, dass es erwünscht ist.

THE GREAT PRETENDER

«Oh ja, ich bin der grosse Täuscher
Ich täusche vor es gehe mir gut
Mein Problem ist, ich täusche zu viel vor
Ich bin einsam, doch keiner sieht das.»

Zeilen aus dem Lied «The Great Pretender», berühmt geworden u.a. durch die Cover-Version von Freddie Mercury. Keine Frage – zu ihm hat das Lied gepasst wie zu keinem zweiten. Mercury, wohl der beste Rocksänger aller Zeiten, versteckte zu dieser Zeit nicht nur seine AIDS-Erkrankung vor der Weltöffentlichkeit, sein ganzes öffentliches Erscheinen war ein einziges Schauspiel.

Doch seien wir ehrlich: Auch wenn wir uns nicht alle als Diva vor 200'000 Fans selbst eine Krone aufsetzen – jeder von uns hat doch das Zeug zum Great Pretender. Wir haben alle unser öffentliches Ich, wir spielen unsere Rolle in der Familie, am Arbeitsplatz oder in der Schule. Es gibt Dinge, die besprechen wir nur mit den engsten Freunden, von denen weiss die Familie nichts. Andere Dinge weiss gar niemand, die behalten wir komplett für uns.

Nur gibt es ein Problem: So eine Rolle zu spielen ist auf Dauer anstrengend. Und ich denke das Gefühl, niemandem sein ganzes Ich präsentieren zu können, ist auch frustrierend. Jeder sucht doch nach dem Ort, wo er einfach mal alle seine Kostüme abwerfen kann und sich selbst sein darf, ohne damit rechnen zu müssen, anzuecken.

Vor kurzem las ich den Slogan eines Versandhauses: «Home is where you can be you» (Verständlich, sie haben sich auch auf Einrichtungsgegenstände spezialisiert). Wenn wir Jesus in unser Leben aufgenommen haben, ist der Himmel unser Zuhause und bei Gott genau der Ort, wo wir uns selbst sein können. Das Schöne ist, bei ihm werden wir niemals falsch verstanden. Er weiss, wie es wirklich in uns aussieht, was unsere Beweggründe, unsere Ängste und Wünsche sind. Manchmal ist diese Vorstellung beängstigend, etwas verstörend vielleicht. Aber eigentlich sollten wir es als das schönste Geschenk ansehen, dass wir jemanden haben, dem wir nichts vorspielen müssen, weil er die Wahrheit sowieso schon kennt. Einen, bei dem wir uns ausheulen dürfen, wenn gegen aussen gilt «The Show must go on». Einer, bei dem wir reden dürfen, wenn wir draussen schweigen sollen. Einer, bei dem wir Ruhe finden, wenn wir zum Schluss kommen «I'm going slightly mad». Und einer, der auch unsere verwirrendste und unsinnigste «Bohemian Rhapsody» versteht.

Versuchs doch einfach mal diese Woche. Und nutze die Chance, vor Gott zu kommen, an einen Ort, wo du einfach so sein darfst, wie du bist.

DER BIBELEXPERTE

Challenge: Finde das Buch «Judas» in der Bibel. Geschafft? Nun finde das Buch «Henoch».

Hast du es geschafft? Wohl eher nicht. Denn das Buch Henoch ist gar kein Teil der Bibel. Über die Frage warum und ob zurecht könnte man ein weiteres Mal einen Krieg starten. Darum geht es mir aber gar nicht.

Denn egal wie gerechtfertigt das Buch Henoch in unserer Bibel nicht enthalten ist: Es wird im Judasbrief zitiert. In Judas 1, 14-15 wird Bezug darauf genommen. Der Judasbrief ist sowieso voll von mysteriösen Quellen. So basiert auch Vers 9 nicht auf einem heute biblischen Text, sondern auf damals aktuellen jüdischen Schriften, welche heute nicht mehr vollständig erhalten sind.

Worauf will ich also hinaus? Ich las den Judasbrief, und als ich über diese Dinge stolperte, wurde mir bewusst, wie wenig Ahnung ich eigentlich von der Bibel habe. Da wird mit aller Selbstverständlichkeit aus Büchern zitiert, von denen ich noch nie gehört habe. Also einerseits habe ich teilweise Kontextmässig nicht die geringste Ahnung, von was Judas da schreibt, kommt dann aber noch dazu, dass ich auch von der Zeit damals, der Gesellschaft, den sozialen Strukturen nur sehr wenig weiss. Es ist ja, als ob jemand im Jahre 4018 meine Goodies lesen würde, und erstens keine Ahnung hätte, wer Freddie Mercury und John McCain sind, zweitens nicht verstehen würde, was ein Goodie (geschweige denn ein Godi) genau ist und von der Bahnhofstrasse (Bahnhof? Wtf!) auch noch nichts gehört hätte. Und wenn man sich das bewusst macht, dann ist es plötzlich absurd, wie Expertenmässig wir Christen heute über totale Details in der Bibel reden.

Was nun liebe Brüder? (Zitat vom Paulus) Sollen wir aufhören über den Glauben zu diskutieren? Niemals, denn am Schluss ist es das kritische Hinterfragen und Austauschen, das unseren Glauben stärkt und besser macht. Nein, wir müssen nun nicht unser ganzes Weltbild hinterfragen und in Selbstzweifel verfallen. Was ich mir für dich, aber besonders auch für mich wünsche, ist, dass wir mit einer gewissen Demut an biblische Themen herangehen. Es ist ok, seine Meinung zu haben, es ist super, wenn man diese mit der Bibel belegen kann. Aber man sollte sich immer bewusst sein: Ein Experte bin ich nicht. Und die andere Position hat evtl. genauso viele Punkte, welche dafür sprechen.

Und so möchte ich dich ermutigen, das Gespräch mit anderen Christen zu suchen. Besprecht eure unterschiedlichen Standpunkte, schaut mal in die Bibel, was sich zu den Themen finden lässt. Gerade der Godi ist dafür ein geniales Umfeld. Wir haben Besucher aus der katholischen und reformierten Kirche, ETG, Chrischona, Hausgemeinden und vieles mehr. Unterschiedliche Ansichten gibt es genug. Aber geht mit Demut an die Sache heran.

Und zu guter Letzt möchte ich auch nochmals betonen: Diese Goodies sind meine Meinung. Ich habe auch noch nicht alles begriffen und verstanden (Irrtum vorbehalten). Ich versuche dir auf humorvolle Art und Weise Punkte rüberzubringen, welche meiner Meinung nach wichtig und richtig sind. Aber auch ich bin kein Experte. So, und nun ab in die Woche!

SADISTFISCH

Bei uns im Geschäft hats Fische. Viele Fische. Der Chef liebt sie offensichtlich. Und der Fisch-Clan von diesem Fisch-Fan hat äusserst schlechte Manieren. Fische in einem Aquarium werden irgendwann aggressiv. Weil nun aber ein Kampf gegen die Vitrine aussichtslos ist (ausser dein Name ist Nemo), schlagen sich die armen Kerle gegenseitig die Köpfe ein. Dabei suchen sie sich keinen gleichstarken Kontrahenten aus, nein, sie gehen auf die Schwachen. Ist einer Mal angeschlagen, dann gehen alle auf ihn los. Ein solches Opfer mussten wir vor kurzem retten und in ein separates Becken stecken, als sie ihm die ganzen Flossen abgebissen hatten.

Wie fies! Wie schwach! … wie menschlich! Tatsächlich, die Sachverhalte sind äusserst ähnlich. Einerseits mal beim Prügeln: Man geht nie auf einen, der etwa gleich stark ist. Am liebsten geht man als Gruppe auf Wenige los, um es noch etwas leichter zu haben. Und wenn einer schon am Boden liegt, tritt man erst recht zu.

Doch halt: Auch diejenigen, welche nicht «Schlägertyp» als Spitznamen haben, diejenigen, welche rohe Gewalt meiden: Ihr seid nicht zwingend besser. Ein Beispiel in meinem Kollegenkreis war der wunderschöne Sonntag vom 23.09.2018. An diesem Tag hat der FC Basel … (Spannungspause) … Achtung, der FCB hat mit… mit sage und schreibe 7:1 gegen YB verloren. Muahahahahahaha! Wir haben einen einzigen Baselfan und viele sadistische Fische in unserer Gruppe. Muahaha! Wir haben stundenlang dieses Desaster vor seinen Augen analysiert, ihm das Bewusstsein für das historische Ausmass dieses Spiels vor Augen geführt, wir haben es genossen. Ich geniesse es immer noch. Hihi.

Ja, Menschen sind fies. Wir können so freundlich sein, so schmeichelhaft, so liiiiiieb. Und dann liegt einer am Boden, und alle picken zu. Wir helfen Menschen nicht, denen es schlecht geht, sondern wir sind froh, dass es nicht gegen uns geht, und machen mit beim Bashing.

Anders Jesus. «Das geknickte Schilfrohr wird er nicht abbrechen und den glimmenden Docht nicht auslöschen. Unbeirrbar setzt er sich für das Recht ein.» heisst es über ihn in Jesaja 42,3. Diese Stelle kam mir wieder in den Sinn, als ich über diese Fischstory nachdachte. Nein, Jesus ist nicht wie wir. Wenn einer am Boden liegt, im Glauben, im Leben, oder einfach ganz wörtlich, hat er es nicht nötig, noch reinzutreten. Sein Wunsch ist es, uns wiederaufzurichten, uns wieder neue Kraft zu geben.

Als Nachfolger von Jesus möchte ich ihm immer ähnlicher werden. Ich möchte tun was er tut. Ich möchte lernen, Menschen durch schwere Zeiten zu helfen, statt auf ihre Kosten mein Selbstvertrauen zu stärken.

Und so möchte ich euch aufrufen, lasst uns diese Woche beweisen, dass wir den Fischen im sozialen Bereich doch wenigstens ein paar Schritte voraus sind.

Mein FCB-Kollege hat das Bashing zum Glück überstanden, und da ich unglücklicherweise ein FCZ-Fan bin, gab es auch genug Gelegenheiten für ihn, sich zu rächen.

HINSCHAUEN TUT WEH

Ich glaube ich habe noch kein «Try-not-to-laugh» Video gesehen, in dem dieser Ausschnitt nicht vorkommt. Es ist einfach perfekte Dramaturgie. Zuerst erwartet man, dass der Junge in einen  Baum fährt. Dann fährt er zwischen den ersten beiden durch und man denkt, es sei überstanden – bis man merkt, dass er mitten in den dritten reindüst.

Nein, es ist nicht fair, über kleine Kinder zu lachen, aber wenn's sogar der Papi macht (Schande über ihn), dann darf ich ja wohl auch. Das Video habe ich aber nicht (zumindest nicht in erster Linie) zur allgemeinen Erheiterung in diesen Goodie involviert, sondern einfach, weil es perfekt zum Thema passt: Wo du hinschaust, da ziehts dich auch hin. Wie gezeigt, bestes Beispiel sind oftmals kleine Kinder. Sie visieren das Hindernis an, nicht den Weg. Der Junge im Video hat die ersten beiden Bäume ziemlich sicher nur deshalb so gut passiert, weil er schon da entsetzt den dritten Baum anstarrte. Unsere Augen haben eine unglaubliche Macht darüber, wo wir hingehen. Ist übrigens ein paar Jahre später bei den Autofahrstunden genau gleich. Der Fahrlehrer schärft dir ein: Du musst die Strasse fokussieren, nicht den Pfeiler, den du auf keinen Fall streifen willst.

Es gibt auch Spezialisten, die wollen dieses System überwinden. «Wohin fährt man beispielsweise, wenn man gar nicht sieht?», fragte sich einst mein kleiner Bruder und schloss während dem Fahren kurzerhand die Augen (auf dem Veloweg, nicht auf der Strasse, versteht sich). Und, was kam raus? Nun, er fuhr nicht gerade ins Nichts, die Hecke an der linken Strassenseite war ihm noch im Weg. Kurz zusammengefasst, er hat es seither nicht wieder versucht.

Wo du hinschaust, da ziehts dich hin, das musste auch Petrus während seinem berühmt-berüchtigten Water-Walk-Adventure lernen. Solange er auf Jesus sah ging alles gut. Als er allerdings die Wellen zu sehr bestaunte, fiel die Sache, beziehungsweise er, ins Wasser.

Es ist auch heute noch genau gleich im Alltag. Du kannst den berühmten Berg voll Sorgen und Aufgaben ankucken. Oder du kannst auf Jesus schauen, der dich befähigt, übers Wasser zu gehen.

«Durch die Augen fällt das Licht in deinen Körper. Wenn sie klar sehen, bist du ganz und gar vom Licht erfüllt. Wenn sie aber durch Neid oder Habgier getrübt sind, ist es dunkel in dir. Und wie tief ist diese Finsternis, wenn das Licht in deinem Innern erloschen ist!»

Mat 6,22-23

DIE SPINNEN, DIE SCHWEIZER

Nächsten Sonntag sind wieder Abstimmungen. Statistisch gesehen werden wohl nur knapp 50% der Wahlberechtigten von ihrer Stimme Gebrauch machen. Sprich, von den ca. 5.5 Millionen Menschen mit den grössten politischen Möglichkeiten und Freiheiten weltweit hat die Hälfte keine Lust von dieser Freiheit Gebrauch zu machen.

Es ist schon verstörend, dass überall auf der Welt Menschen für Freiheit und Mitbestimmung kämpfen, und die Leute, welche in Freiheit leben, machen von ihr keinen Gebrauch. Es ist ein grosses Mysterium, dass Menschen, je freier sie sind, immer weniger diese Freiheit nutzen.

Nicht nur in der Politik. Auch im Glauben, beispielsweise. Es ist eines der grössten Geheimnisse im Universum, dass man Wunder, Erkenntnis, Feuer, Beziehung – alles mit Gott erlebt haben kann und trotzdem meint, es gäbe etwas wichtigeres.

So viele Menschen haben schon erlebt was es heisst, richtig mit Gott unterwegs zu sein. So viele Menschen durften schon Wunder erleben, durften erleben, wie die Zeit mit Gott sie trägt, sie zieht, wie es sich positiv auf ihre ganze Lebenssituation auswirkt. So viele Menschen durften den Glauben und die Beziehung zu Gott schon als das beste Geschenk der Welt erleben. Und trotzdem sehe ich bei vielen Teenies, auch bei mir, wie man plötzlich die Freude an der Sache wieder komplett verliert. Ich kenne Leute, die waren mit 13, 14 voll on fire. Die haben alles erlebt, was du mit Gott erleben kannst. Und trotzdem haben sie plötzlich wieder das Gefühl, es gibt irgendwo auf der Welt noch etwas Besseres. Wie kann das sein?

Es ist wirklich eine verstörende Sache. Und es ist (nicht nur, aber wohl hauptsächlich) ein Westliches, bzw. ein schweizerisches Problem. Uns geht es so gut, dass wir scheinbar keinen Grund haben, Zeit mit Gott zu verbringen. Ich hab ja genug zu essen, ich hab meine Freunde, ich leb in Sicherheit, bin (relativ) reich. Was brauch ich Gott da noch? Ich hab ja alles.

Diese Sachen zeigen mir irgendwie, dass Freiheit nichts nützt, solange man sie nicht braucht. In zweierlei Hinsicht. Einerseits mal «weltlich» gesehen: Wir leben in der Schweiz in einem der freisten Länder der Erde. Wir dürfen unseren Glauben frei ausleben. Wir können zusammen Lobpreis machen, Bibel lesen, beten. Keine Verfolgung. Wir können anderen Menschen von Gott erzählen. Keine Verhaftungen. Wir haben Freiheit für Gott einzustehen. Aber manchmal hat man das Gefühl, dass es Christen in Freiheit schwerer fällt, diese Möglichkeit zu nutzen, als Christen, welche ihren Glauben nicht ausleben dürfen.

Und andererseits: Wenn ich eine Beziehung zu Gott habe, mein Leben Jesus übergeben habe, wenn der Heilige Geist in mir wohnt, dann habe ich freien Zugang zu Gottes Gegenwart. Ich habe Zugang zum schönsten Ort der Welt. Ich habe durch Gott die Macht, hinaus zu gehen, die Welt zu verändern, Wunder zu vollbringen zur Ehre Gottes. Aber Zugang zu haben reicht nicht. Es brauch diesen Push von uns, diese Bereitschaft einzutreten. Zeit zu opfern für Gott, mit dem Risiko, dass Fun scheinbar zu kurz kommt.

Ich möchte dich wirklich bitten: Nutz deine Freiheiten!!! Schon nur aus Respekt gegenüber all denen, welche noch heute versklavt oder in einer Diktatur leben. Und weisst du, mir ist bewusst, dass nicht alle so ein unglaubliches Interesse an Politik haben wie ich. Ihr bekommt den Joker: Ihr dürft bei der Hornkuhinitiative einen leeren Zettel einlegen. Nein Spass beiseite, es geht nicht darum, abzustimmen, damit man abgestimmt hat. Aber es geht darum, sich zu investieren, die Möglichkeit zu nutzen, das Beste aus seiner Umgebung zu machen! Präge deine

Familie, deine Stadt (im Thurgau eher dein Dorf) dein Land, diese Welt.

Nutze deine Freiheiten!!! Auch im Glauben. Wir leben (im Moment) an einem Ort, wo wir frei unseren Glauben bekennen dürfen, wo ich christliche Texte ins Internet stellen kann, wo Dave im Pentorama predigen kann und andere öffentlich Worship machen. NUTZE DEINE FREIHEIT! Als Kind von Gott kannst du jederzeit bei ihm auftanken, kannst ihm deine Probleme abgeben, kannst ihn loben. NUTZE DEINE FREIHEIT! Als Nachfolger von Jesus bist du Befähigt, Kranke zu heilen, Dämonen auszutreiben, Gefangenen die Freiheit zu bringen, den Verlorenen die Frohe Botschaft – NUTZE DEINE FREIHEIT!

Warum? Einfach weil ich mir saublöd vorkomme bei dem Gedanken, dass ich einer der freisten Menschen auf der Erde bin, diese Freiheit aber ignoriere.

Ansonsten wird irgendwann ein dicker Gallier bei uns vorbeischauen, und verwundert feststellen:

«Die Spinnen, die Schweizer!»

Obelix, 50 v.Chr

EIN TROPFEN AUF DEN HEISSEN STEIN

Kennst du den Begriff «Sisyphus-Arbeit», bzw. was er bedeutet? Vor vielen Jahren in Griechenland verdammten die Götter Sisyphus dazu, für den Rest seines Lebens einen schweren Stein einen Berg hochzustossen. Wenn der Stein oben war, rollte er wieder nach unten und Sisyphus musste wieder von vorne beginnen. Sofern er nicht gestorben ist, stösst er noch heute (Keine Sorge, sowas lernen nur Kantischüler). Eine Sisyphus-Arbeit ist also eine total unnötige, unnütze Arbeit, die scheinbar nie ihr Ziel erreicht. Es ist sprichwörtlich ein Tropfen auf den heissen Stein.

Als ich in den vergangenen Wochen vor dem Geschäft am Blätter zusammenwischen war, fühlte ich mich definitiv wie Sisyphus. Nicht nur, dass der Wind immer mal wieder meine Laubhaufen durcheinanderwirbelte, sondern während ich noch am Wischen war, vielen hinter meinem Rücken schon die nächsten Blätter runter!! Raaaaaaah! Ich hätte den Baum am liebsten ausgerissen und ans andere Ende der Stadt geworfen, aber das liegt leider nicht in meinem Kompetenzbereich. Nein, so schlimm war es nicht, aber im Ernst, ich hatte schon manchmal das Gefühl, dass diese Arbeit höchst sinnfrei ist. Und dass ich irgendwie einfach nicht vom Fleck komme. Der Gedanke, dass es am Tag darauf wieder genau gleich schlimm aussehen würde, war höchstgradig motivationsraubend.

Ja, es ist deprimierend, solche Jobs zu machen, die scheinbar keinen zählbaren Erfolg bringen. Ein Tropfen auf den heissen Stein… das bringt doch nichts… im Angesicht der ganzen Problematik ist diese Tat wertlos…

Auch im «Missionieren», ist das oft der Fall. Gott hat uns den Auftrag gegeben, der ganzen Welt die rettende Botschaft zu verkünden. Aber das sind 7 Milliarden Menschen, was kann ich da schon ausrichten? Und dann sieht man auch noch, wie links und rechts von einem Christen wieder vom Glauben abfallen, die Gesellschaft scheint sich immer weiter von Gott abzuwenden, viele Menschen sind gar nicht an Gott interessiert… Was fange ich überhaupt an? Es bringt doch gar nichts!

Falsch! Jedes einzelne Blatt, welches ich zusammenwische und in die Mülltonne werfe, liegt nicht mehr auf dem Boden. Jeder einzelne Mensch, dem ich von Gott erzähle und der das annimmt, ist ein Mensch, dem das Leben gerettet wurde. Jeder einzelne Mensch ist wertvoll und von Gott geliebt und für jeden einzelnen Menschen, der zu Gott zurückfindet, gibt's im Himmel ne Megaparty! Gott schaut nicht auf die 99, welche noch nicht gerettet sind. Er freut sich an dem einen, der ihn angenommen hat. Was ist besser? Dass du im Leben einen von 7 Milliarden durch dein Beispiel, dein Zeugnis, ein gutes Wort, zum Glauben gebracht hast? Oder ist es besser, wenn du es gleich sein lässt und niemand errettet wird? Ich glaube die Antwort ist klar. Es lohnt sich zu kämpfen. Für jeden einzelnen Menschen. Es lohnt sich zu beten, auch nur für einen einzigen Menschen. Es lohnt sich, zu seinem Glauben zu stehen, auch wenn nur ein Einziger – vielleicht ohne, dass du es jemals erfährst – dadurch zum Glauben findet. Es lohnt sich. Es ist nicht sinnlos.

Gib nicht auf. Lass dich nicht entmutigen. Auch wenn das, was du erreichen kannst, winzig scheint in Angesicht des ganzen Problems! Es ist nicht egal.

Und vergiss nie: Ein Tropfen auf den heissen Stein kann der Anfang eines Regens sein!

VERGEBEN?!

Im Herbstlager nahmen wir unter anderem das Thema «Vergebung» durch. Für die Kids meiner Kleingruppe eher schwierig umzusetzen. Mit 10 Jahren passt einem die «Auge um Auge»-Strategie halt noch deutlich besser. Trotzdem habe ich immer wieder versucht, ihnen in konkreten Situationen beizubringen: «Komm, jetzt schlägst du nicht zurück, jetzt lässt du es sein, sonst dreht sich das immer weiter».

Ein paar Tage später kam dann wieder mal ein Knirps zu mir: «Christiaaaan, XY hat mich ein Blablabla genannt!!!» Und ich so: «Ok, das ist nicht gut, aber schau, jetzt kannst du gerade üben zu vergeben und vergessen.» Darauf er: «Nein, heute hab ich schon meinem Bettnachbarn vergeben, das muss reichen!» Ich musste schmunzeln. Eine Obergrenze für Vergebung pro Tag – eine lustige Vorstellung. Ich bin ihm nicht böse deswegen, schliesslich kann man mit kleinen Schritten anfangen. Und ich war in seinem Alter sicher nicht besser.

Diese kurze Konversation hat mich an eine Stelle in der Bibel erinnert. Denn auch schon Petrus hatte vor 2000 Jahren die genau selbe Frage: «Wie oft muss ich meinem Mitmenschen vergeben? Vielleicht – hm, sagen wir – öhm… sieben Mal?» Was denkst du, hat Jesus gesagt? Nun, der Vorschlag von Petrus war definitiv nicht gut genug. Jesus antwortete im übertragenen Sinne, man müsse dem Mitmenschen einfach immer und immer wieder vergeben. Unsere Vergebung soll keine Grenzen haben – wie auch Gottes Vergebungsbereitschaft keine Grenzen hat!

Als ich diese Geschichte meinen Lagerkids erzählte, waren sie alle baff. Was? Wie soll das gehen? Immer wieder vergeben!? Da werd ich ja wahnsinnig! Vor allem: Jemandem immer wieder zu vergeben, dass er einen nervt, geht ja noch, aber schlimmere

Dinge? Richtig verletzende Sachen? Geschichten, die Auswirkungen auf mein ganzes Leben haben? Da soll ich vergeben?

Einfach ist es garantiert nicht. Vergeben ist wohl eine der schwierigsten Aufgaben, die Gott uns gibt. Und trotzdem lohnt es sich. Ich selber hatte auch schon Erlebnisse, bei denen ich Jahre brauchte, bis ich sie endlich vergeben konnte. Über Jahre haben mich diese Geschichten gequält, genervt, aufgewühlt, wütend gemacht. Ich musste mehrere Anläufe nehmen, um wirklich vergeben zu können. Aber als es so weit war, wurde ich frei. Diese Geschichte hat nun keine Macht mehr über mich. Der Teufel kann sie nicht mehr brauchen, um mich herunterzuziehen. Und nichts steht mehr zwischen mir und der anderen Person, ich kann ihr wieder in die Augen schauen.

Schau mal ein bisschen in dich rein. Wo solltest du noch vergeben? Ich möchte dich ermutigen, es nicht nur dann zu tun, wenn sich die andere Person bei dir entschuldigt, sondern auch einfach so. Immer und immer wieder. Weil es am Ende für dich selber das Beste ist! Vergeben und Vergebung empfangen, das sind wohl die schönsten Dinge, welche uns passieren können!

JOSEF 2.0

Mein Arbeitsweg startet bekanntlich mit einer Velofahrt zum Bahnhof. Von dort aus dann eine halbe Stunde mit dem Zug weiter. Und dann habe ich das alte Fahrrad meines Vaters dort stationiert, um noch zum Arbeitsplatz fahren zu können. Hatte ich, um genau zu sein.

Denn eines schönen Montagmorgens kam ich voller Vorfreude auf die neue Woche wieder mit dem Zug an, lief zum Veloständer, nahm mein – wart… Wo isch mis Velo??? Innert kürzester Zeit war klar: Das Ding ist weg. Ich weiss, es war abgeschlossen, ich weiss, es war da. Jemand hat sich die Mühe gemacht, diese alte Klapperkiste, mit kaputter Schaltung, abgenutzten Bremsen usw., zu klauen. Unnützester Diebstahl der Weltgeschichte. Aber: Mein Fahrrad war weg. Und damit auch meine Vorfreude auf die Woche.

So nervte ich mich durch den Tag. Am Abend fertig… aber nein, nicht mit dem Fahrrad, sondern zu Fuss zum Bahnhof zurück. Grummel. Ganz ehrlich, wieso macht man sowas? Ich lief der Strasse entlang und versuchte abzuschalten, als mir plötzlich eine Frau auf dem Gehsteig gegenüber auffiel, die bedrohliche Kurven lief. Knapp an der Hecke vorbei… uaaaah… nun driftete sie immer mehr in Richtung Strasse, die Autos verlangsamten, sie wendete aber nochmals, torkelte zur Hecke, viel hinein, blieb liegen. Die Autos fuhren weiter.

Ich rannte zu ihr hinüber – aufpassen, dass ich nicht überfahren werde! – und versuchte, ihr zu helfen. Sie war offensichtlich stockbesoffen. Eine Mutter mit ihrem Kind auf dem Fahrrad kam nun ebenfalls hinzu und half der Frau aus dem Gebüsch, während ich die Ambulanz benachrichtigte. Zwei Frauen auf Fahrrädern kamen, eine zum Glück Krankenschwester, und gemeinsam konnten wir die nun bewusstlose Frau betreuen, bis der

Krankenwagen kam. Endlich war alles vorbei und ich lief völlig durcheinander zum Bahnhof.

Ich war einfach nur entsetzt und enttäuscht von den Menschen an diesem Tag. Erst mal der Dieb, der diesen völlig unnützen Diebstahl vollzogen hat, bei dem mein Schaden sicher grösser ist als sein Ertrag. Und dann all die Autofahrer, welche einfach vorbeigefahren sind. Dieser Frau ging es nicht gut, es hätte ihr aber noch viel schlimmer gehen können, und es hat einfach niemanden gekratzt! Was für eine Arschgesellschaft ist das eigentlich, in der wir da leben??? Es sind schon so viele Menschen gestorben, einzig aus dem Grund, dass niemand kurz hingegangen und wenigstens das Allernötigste getan hat.

Aber dann, später erst, wurde mir noch etwas anderes klar. Gott hat wieder einmal alles perfekt zusammengefügt. Wäre mir das Fahrrad nicht gestohlen worden am Wochenende, wäre ich nicht zu Fuss gewesen. Ich wäre wohl kaum zu dieser Zeit dort gewesen, vermutlich hätte ich sogar einen anderen Weg genommen. Ich habe diese Frau nur gesehen, weil ich genau dann dort zu Fuss war. Und wer weiss, als sie mal in der Hecke lag, war sie nicht mehr gut zu sehen, vielleicht hätte gar niemand mehr bemerkt, dass sie da liegt. Gott hat ein Übel genommen und es gebraucht, um diese Frau zu retten. Er hat Schlechtes in Gutes verwandelt. Ich fühlte mich wie ein kleiner Mini-Josef (falls du nicht weisst, auf was ich mich beziehe, die Bibel hat die Antwort in 1.Mose 37-50).

Also, zwei Dinge möchte ich dir für diese Woche mitgeben: 1) Wenn du einen Menschen in Not siehst, dann hilf ihm gefälligst, es kann über Leben und Tod entscheiden! Und 2) Auch wenn eine Situation in deinem Leben gerade richtig scheisse ist: Es besteht immer die Chance, dass Gott es gerade in eine wundervolle Geschichte umwandelt.

WAFFENRÜSTUNG XXL

Ein christlicher Goodie mit dem Titel Waffenrüstung. Was kommt jetzt wohl? Epheser 6 natürlich. Oder? … oder?

Ätsch reingelegt. Nein, es geht nicht um Epheser 6. Worum könnte es denn dann gehen? Wo kommt in der Bibel auch noch eine Waffenrüstung vor? Lass mich abkürzen: 1.Samuel 17,38. Kontext: David hat sich soeben bei König Saul beworben, um gegen Goliath zu kämpfen. Ein völliger Irrsinn, das ist allen klar. Aber wenn, dann wenigstens mit der besten verfügbaren Ausrüstung: derjenigen des Königs.

Nun gibt es ein ganz, ganz kleines Problem: Saul ist einer der grössten Männer in Israel zu jener Zeit, ein Kopf grösser als alle anderen, wie es in 1.Samuel 9,2 heisst. David auf der anderen Seite ist noch zu jung für den Krieg, und somit schätze ich, dass er nicht gerade ein Riese war. Man probiert, und schnell findet man raus: Nein, diese Rüstung passt schlicht und einfach nicht. Abgesehen von der Grösse fehlt David auch die Erfahrung und das Training, wie man sich in einer solchen Rüstung bewegt und mit ihr kämpft. So kommt er zum Schluss: Ich verzichte auf den einzigen Schutz, den mir die Menschen geben können. Ich muss mich komplett auf Gott verlassen.

Es gibt Dinge, die sind supermegahilfreich. Die helfen den einen Menschen, stark zu bleiben im Glauben, die persönliche Beziehung zu Gott zu behalten, Gottes Willen zu tun. Aber für andere Menschen sind sie genau das Gegenteil. Sie sind hinderlich, sie bremsen aus. Irgendwie passen sie einfach nicht. Weil man nicht denselben Hintergrund hat, weil man vielleicht an einem anderen Punkt steht im Glauben, oder einfach eine völlig andere Aufgabe von Gott erhalten hat. Ein Grenadier trägt nicht die gleiche Rüstung wie ein Kampfpilot.

In solchen Situationen ist es oft schwierig, auf diese «unpassende Rüstung» zu verzichten. Schliesslich funktioniert sie ja bei der anderen Person. Wer sagt schon gerne dem König: «Hey, gut gemeint, aber ich mach das auf meine eigene Art – ich geh mit Stein und Schleuder.» Aber für David war es in der Situation die richtige Entscheidung.

Wo sind in deinem Leben XXL (oder XXS) Rüstungen? Bibellesemethoden, Vorsätze, Lebensstile, welche für andere Menschen super funktionieren, aber dich eher bremsen? Dinge, bei denen eigentlich jeder denkt: «Es ist was Gutes, das muss man doch einfach so machen», aber es passt einfach nicht zu dir? Es braucht Mut, dann diese allgemein anerkannte Rüstung abzulegen und seinen eigenen Weg zu gehen. Aber es kann dir das Leben retten.

Mach im Leben, aber ganz besonders auch im Glauben, nicht einfach Dinge, weil sie für andere Menschen funktionieren. Mach es so, wie es für dich funktioniert. Egal wie verrückt es vielleicht scheint, egal wie sinnfrei es aus menschlicher Sicht ist. Gott hat die perfekte Waffenrüstung für dich. Die einen können mit einem ganzen Panzer durch die Gegend fahren. Die anderen sind diskreter unterwegs. Finde die Rüstung, welche für dich gemacht wurde!

S HÄTT SCHNEE JUHEE

Wenn Menschen Schnee sehen: Es gibt Leute, wenn die Schnee sehen, dann sehen sie schwarz. Macht eigentlich keinen Sinn, aber manchmal geben Menschen halt keinen Sinn… Dann gibt es Leute, wenn die Schnee sehen, dann rennen sie raus (barfuss natürlich), drehen eine Runde ums Haus und sind glücklich. Ist eigentlich verrückt, aber manchmal sind Menschen halt verrückt…

Ich gehöre definitiv zur zweiten Sorte. Ich liebe Schnee, ein Winter ohne Schnee ist für mich wie ein Sommer ohne Sonne, einfach schlecht. Und so war ich auch am 16. Dezember letzten Jahres total aus dem Häuschen, im wahrsten Sinne des Wortes, als es endlich geschneit hat. Ich bin dann jeweils sofort hellwach, will raus, laufen gehen, joggen gehen. Und als ich das heuer gemacht habe, da kamen mir ein paar Schneegedanken, welche hier in drei Miniinputs festgehalten sind.

1) Schnee überwindet Grenzen. Schnee setzt neue Grenzen. Ob Einfamilienhäuser oder Blocks. Von oben sieht alles weiss aus. Es gibt keine Quartiers-, Stadt-, Kantons- oder Landesgrenzen. Alles Schnee. Wenn man laufen geht, gibt es keine Linie mehr zwischen Gehweg und «Rasen betreten verboten». Im Wald kann man nur noch erahnen, wo der Weg eigentlich durchgehen würde. Ganz besonders schön finde ich es abends/nachts, wenn gerade der erste Schnee gefallen ist. Alles ist weiss, die Strassen sind nicht geräumt. Die Autos surren leise und vorsichtig durch die leeren Strassen. Es gibt keine Grenze zwischen Trottoir, Fahrradstreifen und Fahrbahn. Alles Schnee.

Genauso ist es auch, wenn Gott kommt. Er überwindet Grenzen. Er ist nicht an menschliche Bewertungen und Grenzen gebunden, er denkt grösser, er denkt anders. Und gleichzeitig setzt er auch Grenzen. Grenzen, die wir ohne ihn vielleicht nicht ziehen würden.

2) Schnee ist nur schön, solange er uns nicht im Weg ist. Seien wir ehrlich: Schnee ist schön sonntags, wenn ich zu Hause bleiben oder laufen kann. Schnee ist schön montags, wenn die Strassen geräumt und gut gesalzen sind. Schnee ist schön auf dem Arbeitsweg, solange der Zug nicht stecken bleibt. Schnee ist schön bei der Arbeit, bis die Kunden alle mit ihren salzig-dreckig-nassen Schuhen überall rumlaufen und ich als Stift am Ende putzen darf. Schnee ist schön, wenn. Wenn er mir nicht in die Quere kommt.

Und genauso, habe ich manchmal das Gefühl, reagieren wir, wenn Gott kommt. Schön bist du da. Ja, brich unsere veralteten Grenzen auf, wenn's nicht meine eigenen Grundsätze betrifft. Ja, definiere neue Grenzen, solange sie mich nicht einschränken. Ja, räum auf in dieser versauten Welt, solange du meine Gerümpelkammer in Ruhe lässt. Ja, es ist schön dich vom Fenster aus zu sehen, aber bitte, bitte, komm mir nicht in die warme Stube rein!

3) Schnee fotografieren klappt nicht. Es ist die Krankheit unserer Zeit, dass wir coole Zeiten lieber mit dem Handy festhalten, statt sie zu geniessen. Obwohl das Bild davon niemals an den echten Moment rankommen wird. Schnee kann man nicht fotografieren. Zumindest ich scheitere jeweils kläglich. Und selbst wenn du farblich das perfekte Foto der zauberhaften Landschaften erwischst, wirst du niemals die kalte Luft, den Duft, das Gefühl festhalten können, welches mit Schnee verbunden ist. Schnee-Momente lassen sich nicht aufbewahren. Schnee muss man einfach geniessen, wenn er da ist.

Ich will jetzt nicht sagen, dass man coole Zeiten mit Gott nicht festhalten sollte. Im Gegenteil, wenn du was mit Gott erlebst, dann schreib es sofort auf, denn viel zu oft vergessen wir gleich wieder, was er für uns getan hat. Aber: Allzu oft denken wir nur darüber nach, wie gerne wir bessere Zeiten mit Gott hätten oder wie schön es damals war. Und vergessen ganz, das Hier und Jetzt zu leben, mit Gott jede einzelne Sekunde zu verbringen, zu versuchen, das Maximum aus dieser Zeit herauszuholen.

Da siehste mal, was man von Schnee alles lernen kann. Vielleicht sprechen dich nicht alle drei Punkte gleich an – und sie haben (bis auf Schnee) vielleicht auch keinen allzu grossen Zusammenhang. Aber nimm's doch mit für diese Woche:

1. Lass zu, dass Gott deine Grenzen aufbricht und neue Grenzen setzt. Lerne, seine Grenzen statt unsere Grenzen zu sehen.
2. Gott ist nicht immer kuschelmuschel-Jöösus. Nimm das Gesamtpaket, auch den unangenehmen Teil, an!
3. Denk nicht immer nur an morgen oder gestern. Liebe und lebe den Moment. Jetzt. Mach das Beste draus.

Have yourself a wonderful week!

UNDERCOVER CHRIST

Vielleicht bewegst du dich hauptsächlich im christlichen Kuchen. Du arbeitest mit Christen, deine Familie ist gläubig, deine Freunde ebenfalls. Vielleicht ist es aber genau umgekehrt. Du bist der einzige Christ in der Familie. In der Schule. Im Freundeskreis. Dann mal herzlich willkommen im Leben von Nikodemus.

Nikodemus, nennen wir ihn Niki, war in einer äusserst unglücklichen Situation. Er war ein kluger Kopf, hatte quasi Religion und jüdische Philosophie studiert, er kannte das Gesetz der Juden in- und auswendig. Niki war Pharisäer. Und damit mitten in einer Gruppe von Leuten, welche mit Jesus so gar nicht klargekommen sind. Das könnte ungünstiger nicht sein, denn Niki selber war durchaus interessiert an diesem Wanderprediger, welcher sämtliche Weltbilder auf den Kopf zu stellen schien. Zur falschen Zeit am falschen Ort, kann man nur sagen. Ein Mensch, der mit seinem Glauben völlig allein war.

Niki konnte seine Überzeugungen nicht gegen aussen zeigen, das brachte er nicht hin. Zu gross war die Angst, das Gesicht zu verlieren vor den Kollegen, zu gross war der Gruppendruck. Und trotzdem suchte er die Nähe zu Jesus. Nur drei Mal wird er in der Bibel erwähnt, und wir sehen, wie Gott ihn Stück für Stück hat wachsen lassen.

Szene 1, Johannes 3: Niki schleicht sich nachts in einer womöglich James-Bond-reifen Aktion zu Jesus, um mit ihm reden und diskutieren zu können. Er tut alles dafür, dass seine Beziehung zu Jesus geheim bleibt.

Szene 2, Johannes 7: Die Pharisäer beratschlagen mal wieder, wie man Jesus am besten zur Strecke bringen könnte. Da setzt sich Niki erstmals für sein Idol ein. Zwar noch ziemlich vorsichtig, aber er zeigt zumindest, dass er nicht einfach mit dem Strom schwimmt.

Szene 3, Johannes 19: Jesus ist gestorben. Und wer hilft, ihn zu beerdigen? Natürlich, unser kleiner Nick. Nicht nur macht er sich die Hände schmutzig, er stiftet auch noch reichlich Parfüm fürs Grab. Ich habe die Klatschpresse von damals nicht gelesen, aber ich bin mir ziemlich sicher, dass er sich damit geoutet hat. Sowas sickert immer irgendwie irgendwo durch, und bald müssen auch seine Kollegen erfahren haben, was er hier getan hat.

Bist du mit deinem Glauben auch allein? Vielleicht hast du eine gläubige Familie, bist aber der einzige Christ in deiner Klasse… Oder umgekehrt. Ich glaube, die Geschichte von Niki kann dir Mut machen. Jesus hat ihn angenommen, auch wenn er nicht im Stile eines Superchristen aufgestanden ist und seinen ganzen Kollegenkreis bekehrt hat. Jesus hat nicht gesagt: «Ey Nick, wenn du kommen willst, dann komm am Tag. Auf Leute, die ihren Glauben verstecken, kann ich verzichten!» Er hat ihn mit seinen Ängsten, seiner Menschenfurcht angenommen. Und irgendwie hat er ihn auch Stück für Stück verändert, ihn mutiger werden lassen.

Gott nimmt dich an, auch in deiner Schwachheit. Ob am Tag, wenn alle es sehen, oder bei Nacht, ohne dass einer was davon merkt: Pflege deine Beziehung zu ihm, und er wird dich verändern.

ALLES VERGEBENS

Kennst du Charlie Chaplin noch? Hast du vielleicht sogar mal einen Film von ihm geschaut? Ich weiss, meine Kollegen werden mich jetzt wieder aufziehen deswegen – aber ich möchte dich heute auf einen mega coolen, mega alten Film aufmerksam machen. Tja, ich weiss auch nicht… Ich finde, die Filme von damals – dieser sogar ohne Ton – haben teilweise einfach einen viel grösseren Charme als die Riesenproduktionen von heute.

Egal, zurück zum Thema. Der Film, um den es mir geht, heisst «Gold Rush». Es ist ja eigentlich krass, als der Film 1925 rauskam war meine Urgrossmutter 11 Jahre alt… Jedenfalls: Charlie Chaplin geht nach Alaska, getrieben vom Klondike-Goldrausch, welcher Ende des 19. Jahrhunderts stattfand. Den ganzen Film zu erklären ginge jetzt zu lange, jedenfalls findet er *Überraschung* eine wunderschöne Frau. Er verliebt sich natürlich über beide Ohren und auch sie empfindet zumindest eine gewisse Sympathie für den Tollpatsch. So verabreden sie sich für Silvester bei ihm in der Hütte zum Abendessen. Charlie ist aus dem Häuschen! Den ganzen Tag bereitet er voller Liebe und Sorgfalt alles vor, er gibt, was er hat, er dekoriert, putzt, kocht, zieht seine besten Kleider an. Dann wartet er. Und wartet. Und wartet. Und wartet. Aber sie kommt nicht. Sie hat die Verabredung vergessen und stattdessen an der offiziellen Feier des Dorfes teilgenommen. Wer die Szene jetzt unbedingt sehen will, kann sie natürlich auf YouTube anschauen.

Ich will nicht als Heulsuse dastehen vor allen, aber ich geb's offen zu: Es bricht mir jedes Mal das Herz, wenn ich ihn so sehe. Wie die Vorfreude, Hoffnung, Stück für Stück aus seinem Gesicht verschwindet. Alles vergebens. All die Liebe umsonst. Ja, ich geb's zu, ich hatte auch schon feuchte Augen, wenn er so ganz einsam im Türrahmen steht und zum Dorf runterschaut, wo in der Kneipe gerade eine riesige Fete abgeht.

Du wirst es nicht glauben, aber auch in der Bibel gibt's so eine Geschichte, die könnte glatt von Chaplin sein. Dort erzählt Jesus von einem Mann, der ebenfalls ein Fest veranstaltete, viele Leute einlud, Zeit, Liebe, Geld investierte, um alles perfekt zu machen. Und dann war alles bereit. Und keiner kam.

Gott hat alles für uns gegeben. Er hat sogar seinen Sohn geopfert. Voller Liebe und Freude hat er alles in seiner Macht Stehende (das ist sehr viel) getan, damit wir die beste Party des Universums feiern dürfen. Dann klopft er an, sagt: «Hey, heute war ein guter Tag, du hast ausnahmsweise keine Hausaufgaben, deine ToDo-Liste ist leer, ich habe dir noch Energie geschenkt, damit du auch sicher nicht zu müde bist: Jetzt lass uns feiern.» Und immer und immer und immer wieder heisst es: «Nein, ich habe mich noch verabredet. Nein, ich geh noch ins Kino. Nein, heute läuft der Fussballmatch im TV. Nein, für dich hab ich grad keine Zeit.» Dann fragt Gott: «Aber später dann, wenn das vorbei ist, hast du Zeit? Ich hab extra alles vorbereitet, komm doch noch vorbei!» «Gott, schau mal, ich find's ja wirklich nett und so. Aber können wir das nicht auf morgen verschieben? Wenn ich heute nach Hause komme, werde ich müde sein. Obwohl, morgen ist auch nicht ideal… da hab ich Sitzung… vielleicht Frei-nein, Sams… Weisst du was? Ich geh am Sonntag mal wieder zur Kirche *und* in den Godi, das ist so viel Zeit mit dir an einem Tag, da kannst du dich freuen. Also dann, bis sonntags.»

Du hast wohl kaum jemals bewusst eine solche Konversation mit Gott geführt. Aber zwischen den Zeilen ist es genau das, was Tag für Tag im Leben von Millionen von Menschen abläuft. Und wenn man es sich mal so überlegt, dann bricht mir auch diese Vorstellung das Herz. Wie können wir Menschen nur so sein? Es ist ja nicht so, dass Gott auf uns angewiesen wäre, er macht es für uns. Und er hat wirklich alles gegeben. Trotzdem ignorieren wir seine Angebote. Weisst du, ich bin ja keinen Deut besser, ich schreibe diesen Goodie und werde Gott wahrscheinlich in den nächsten 24h 10 Mal die Tür vor der Nase zuschlagen. Wie kann das sein?

Ich denke, ein erster Schritt in die richtige Richtung ist, wirklich zu erkennen, wie undankbar und brutal wir mit Gott umgehen. «Dein Sohn ist für mich gestorben? Meine Güte, komm drüber hinweg Alter, spiel weiter Harfe auf deiner Wolke!» Am Ende sucht er die Beziehung zu uns ja nicht, weil er uns unbedingt nötig hat, sondern weil es uns gut tut! Und der nächste Schritt müsste dann sein, zu schauen und handeln, wie wir dieses Verhalten ändern können.

DUSCHEN ODER TRINKEN?

Es war einmal in Afrika. Wo die Sonne brennt und es heiss ist. Mein Bruder und ich haben damals die ganze Zeit mit den Nachbarskindern Fussball gespielt. Auf der ungeteerten Strasse, nicht auf dem Rasen, versteht sich. Wenn man das bei 35°C macht, ist man am Schluss definitiv K.O. Und so freute ich mich jedes Mal darauf zurück ins Haus zu gehen, zu duschen und mich zu erholen.

Ich erinnere mich noch sehr genau, wie ich dann eines Tages vom Fussballspielen kam, richtig kaputt war, und mich irgendwie erholen wollte. Also rannte ich ins Badezimmer, fing an zu duschen und dachte: «Das ist so erfrischend!!! Aber irgendwie reicht es nicht. Ich brauche was anderes...», und mir wurde bald klar: Ich muss trinken. Rasch fertig geduscht, abtrocknen geht bei knapp 40 Grad recht schnell, und dann in die Küche, Wasser tanken. Aaaaaaaaaaaaaaaaah! Das ist wirklich erfrischend!

Das ist der Unterschied zwischen Duschen und Trinken. An einem heissen Tag kalt duschen ist ein wunderbares Gefühl, wieder sauber werden, sich wieder wie neu geboren fühlen. Aber alles Duschen der Welt kann einen Schluck Wasser nicht aufwiegen. Es ist einfach eine ganz andere Liga. Du kannst schlimmstenfalls auch ohne Duschen überleben (wehe mir, wenn meine Mutter das liest), aber ohne Trinken bist du ziemlich schnell Geschichte.

Genauso ist es auch im Glauben. Du kannst in den Godi gehen, Goodies lesen, in einem komplett christlichen Umfeld leben, du kannst dich quasi mit so viel Religiosität duschen, wie du nur willst. Das ist erfrischend, das ist cool, das macht Spass. Aber es hält dich nicht am Leben. Am Ende musst du den Glauben selbst leben, du musst die persönliche Beziehung zu Jesus haben (der ja von sich selber sagt, er sei das Wasser des ewigen Lebens, ist mir gerade eingefallen). Es nützt nichts, wenn du von Christlichkeit umgeben bist, solange du nicht deine eigene Entscheidung getroffen hast.

Ich möchte dich ermutigen, auch ermahnen: Sei kein Mitläufer, der einfach in den Godi mitgeht, die Goodies mitliest, Worship mithört. Sondern mach Ernst mit Jesus, leb eine eigene, ganz persönliche Beziehung mit ihm!

Duschen kannst du dann immer noch. Aber stell erst mal sicher, dass du von dem Wasser getrunken hast, welches deinen Durst für immer löscht!

CHILL DEIN LEBEN

Wenn ich Paulus und Petrus zuschaue, wie sie die frohe Botschaft in die Welt hinaustragen, ohne Furcht vor all dem Widerstand, der sie erwartet… Oder wenn ich gar von Elia und anderen Propheten lese, welche alles andere als frohe Botschaften zu alles anderem als gottesfürchtigen Menschen bringen mussten… Dann frage ich mich manchmal schon: Wie haben die das gemacht? Könnte ich das auch? Bzw. was müsste passieren, damit ich das auch könnte?

Die wichtigste Voraussetzung, darüber müssen wir nicht streiten, ist eine intakte Beziehung zu Gott. Wenn du nicht immer wieder bei ihm auftanken kannst, dann ist bei dir über kurz oder lang der Ofen aus. Doch es gibt auch Christen, die sind voll mit Gott unterwegs, die «hören» Gott und wissen genau, was er von ihnen möchte – und schaffen es trotzdem nicht, das auch umzusetzen. Warum? Weil sie sich selbst im Weg stehen. Weil sie sich selbst zu ernst nehmen und höher gewichten, wie sie vor Menschen dastehen, als wie sie vor Gott dastehen. Sie bringen es im wahrsten Sinne des Wortes nicht «über sich», Gottes Willen zu tun.

Ich glaube ein wichtiger Schritt ist, sich selbst zurückzustellen, wenn man Gottes Willen tun möchte. Sich nicht allzu wichtig zu nehmen. Ich fürchte, ein Leben im Jesus-Style beinhaltet viel zu viel «mach en Unterschied», als dass es ein «was-die-andern-wohl-von-mir-denken – Denken» verträgt.

Aber das ist jetzt leichter gesagt als getan, zweifelsohne. Von Kind auf wird uns in dieser Welt eingehämmert, dass es um uns geht, und dass die Art, wie wir von Menschen wahrgenommen werden, sehr wichtig ist. Auf der einen Seite wird Individualismus gepredigt wie nie zuvor, auf der anderen Seite werden «Andere» ausgegrenzt wie nie zuvor. Diesen Switch, zu sehen, dass man gut ist wie man ist; diese Lebenseinstellung, den unsichtbaren Gott als Messlatte zu nehmen statt die allgegenwärtigen Influencer und Nörgler dieser Welt; diese Idee, dass Gottes Auftrag wichtiger ist als die Ideale der Menschen – das ist schwierig. Aber ich bin mir ziemlich sicher, es ist etwas, was man üben kann.

So versuche ich in letzter Zeit vermehrt, mich nicht zu ernst zu nehmen. Auch im ganz «unreligiösen» Alltag. Lach einfach mal über dich, das Leben ist kein Staatsbesuch! Beispiel gefällig? Ich arbeite in einer Kindertagesstätte, und so muss ich immer mal wieder Essen einkaufen. Auto zu gross, Rucksack zu klein, also gehe ich meistens mit einem Kinderwagen-Veloanhänger, der bei uns in der Garage steht. Den kann ich auch gleich anstatt dem Migroswägeli durch die Regale schieben. Die Leute starren mich dann immer an: «Was ist denn das für ein junger Vater?!» Eine Frau stand mal hinter mir in der Schlange, im Glauben, alle meine Einkäufe seien schon auf dem Band. Dann erst sah sie, was wirklich in meinem Wagen lag. Etwas verwirrt murmelte sie: «Ich dachte, da sind die Kinder drin!»

Ich dachte schon manchmal: Eigentlich ist es ja Schamröte-ins-Gesicht-treibend-peinlich, wenn ich so durchs Geschäft marschiere. Denn es ist so: Die Leute starren mich an. Anfangs lief ich mit der Mütze tief ins Gesicht gezogen durch die Migros. Aber ich habe irgendwann die Entscheidung getroffen, nicht mehr darüber nachzudenken, was die anderen wohl denken, und stattdessen die Situation einfach nur zu feiern. Das Ganze nicht mehr als Peinlichkeit, sondern als eine lustige Geschichte zu sehen. Inzwischen lache ich mich innerlich kaputt, wenn ich die verdutzten Gesichter der Leute sehe, wie sie sich so ihre Gedanken zur «Jugend von heute» mache. Es hat mein Leben nicht nur einfacher, sondern definitiv auch unterhaltsamer gemacht!

Wichtig ist mir aber: «Mich selbst nicht zu ernst nehmen» setze ich nicht gleich mit «Sich selbst nicht als wertvoll erachten»! Natürlich bist du eine ernstzunehmende Person, du bist von Gott gemacht, gut gemacht, und du hast einen unschätzbaren Wert. Ich meine «nicht zu ernst nehmen» im Sinne von: Sei dich selbst, und kümmere dich nicht immer darum, wie andere dich sehen. Und lerne auch über dich zu lachen, wenn du etwas Komisches/einen Fehler machst, statt in Scham zu versinken.

Und wichtig finde ich auch: Es gibt einen klaren Unterschied zwischen «sich selbst nicht zu ernst nehmen», bzw. «so sein, wie man eben ist» und «den Clown spielen». Oftmals ist es ein recht schmaler Grat und ich habe auch schon in gewissen Situationen gemerkt, wie ich dann vom lustigen, echten Christian zum überdrehten Clown wurde. Klar sind Komiker und andere erfolgreiche Entertainer sicher oft Leute, welche sich selbst nicht zu ernst nehmen, aber wenn du dann statt der Mainstream-Maske einfach die Clown-Maske aufziehst, bist du ja auch wieder nicht dich.

Die Botschaft von heute ist nicht, dass du lustig sein musst! Schon gar nicht künstlich lustig, um Anerkennung zu finden. Ich wünsche mir, dass du lockerer mit dir selbst umgehen kannst, weil es dein Leben deutlich leichter macht. Und weil es so am Ende auch einfacher wird, Gottes Plan für dein Leben zu folgen, auch wenn der vielleicht strange wirkt. Wenn du dich mal daran gewöhnt hast, mit dem Kinderwagen einkaufen zu gehen und die Blicke der Umstehenden nicht mehr beachtest, wird es auch einfacher, z.B. auf einen Obdachlosen zuzugehen, oder auf der Strasse für Menschen zu beten.

DEN WEISEN DEN WEG WEISEN

Die drei Weisen werden in der Bibel nur im Matthäusevangelium erwähnt, die anderen drei Evangelien erzählen nichts von ihnen. Dort werden sie als Sterndeuter aus dem Osten beschrieben. Und genau das finde ich so spannend: Sie sind 1. Heiden und 2. okkulte Zauberer. Also einerseits keine Juden, und zweitens von Beruf aus in einem Metier, welches Gott verabscheut. Und trotzdem gehören sie zu den ersten, welche Jesus sehen.

Diese Geschichte zeigt für mich das unglaubliche Herz Gottes. Er hat versprochen: «Wer mich sucht, der wird mich finden!» Die drei Weisen haben Gott gesucht, da bin ich überzeugt. Sie waren auf der Suche nach der Wahrheit, wenn auch auf dem falschen Weg. Und Gott hat sich finden lassen, auf die Art, welche sie verstanden haben, auf dem Weg, den sie kannten. Oh the overwhelming, neverending, reckless love of God! Was für eine unverständliche Liebe, was für eine unverdiente Gnade! Gott hätte sie auch ignorieren können, da sie ja Zauberei betrieben, und stattdessen einen gottesfürchtigen Pharisäer (z.B. Niki) schicken können. Aber er hat sich nicht daran gestört, und diese drei Weisen zu sich eingeladen.

Was ist nun die Moral von der Geschichte? Sündigt wie ihr wollt, versinkt im Okkultismus, Gott wird sich schon finden lassen!? Nope, ich denke nicht. Aber es zeigt uns, dass wenn wir Gott ernsthaft finden möchten, wenn wir dasitzen und uns fragen: Gott, gibt es dich? Wenn ja, welcher Gott bist du? Jahwe, Allah, Buddha, oder was? Dann wird Gott sich finden lassen. So gab es in jüngerer Zeit immer wieder Geschichten z.B. von IS-Kämpfern, welche im Traum den «Weissen Mann» gesehen haben, Jesus, und sich daraufhin bekehrt haben.

Soviel zu Gottes Part. Und was heisst es für unsere Aufgaben? Paulus hat es einst schön zusammengefasst: Den Griechen ein

Grieche sein, den Juden ein Jude, den Heiden ein Heide. Auf Deutsch übersetzt: Begegne jedem Menschen so, wie er es braucht. Oft hatten und haben die Christen das Gefühl, dass ihre eigene Kultur zu Gott gehört, und dass deshalb missionieren auch heisst, dass man dem anderen seine Kultur aufzwingt. Das dachten anfänglich die jüdischen Christen und wollten, dass die griechischen Christen mit Jesus auch die ganze jüdische Kultur übernehmen. Aber Paulus sagte: «Halt – Stopp! Das ist nicht der richtige Weg. Lasst die Griechen Griechen bleiben, und Jesus als Griechen auf Griechisch verehren.» Und gleichzeitig sagt er uns heute: «Stopp! Lasst die Juden Juden sein, und Jesus als Juden verehren. Lasst die Punks Punks sein, lasst die Araber Araber sein, lasst jeden Menschen sich selber bleiben. Es geht nur um Jesus! Und der kann auf Milliarden verschiedene Arten verehrt werden! Ich glaube das ist die Botschaft, welche uns die drei Weisen vermitteln sollen.

OSCAR OHNE FÜLLUNG

Jeden Frühling werden in Hollywood die berühmten kleinen Oscar-Statuen verteilt, im Rahmen der alljährlichen Academy Awards. Allerlei Schauspieler, Regisseure, Produzenten und viele mehr werden für ihre Leistungen im vergangenen Filmjahr geehrt. Zum Schluss wird dann wieder ein besonders komischer Streifen zum besten Film des Jahres gekürt, und nach gut drei Stunden voller Reden, Flachwitze und Klatschpresse ist die Welt der Sternchen wieder um ein Fest reicher.

Keine Frage: Für Menschen im Schauspielbusiness ist ein Oscar das grösste, was sie erreichen können. Manche sammeln Preise am Laufband, oder sind zumindest immer nahe dran: Meryl Streep steht mittlerweile bei rekordverdächtigen 21 Nominationen, und hat schon drei Oscars gewonnen. Für Schauspieler(innen) ist sie damit weit vorne, aber Welten zurück hinter Walt Disney (dem Mann, nicht der Company), welcher satte 26 Mal abgeräumt hat. Manche müssen lange warten, bis sie schon nur einen einzigen Oscar erhalten. Leo DiCaprio zum Beispiel wurde 5 Mal «nur» nominiert, bis er dann 2016 auch endlich das goldene Männchen nach Hause nehmen durfte. Garry Oldman, Titelverteidiger aus 2018, gewann erstmals mit 70 Jahren. Und wieder andere bleiben ihr Leben lang starke zweite, oder schaffen es trotz grandioser Leistungen nicht einmal unter die Nominierten. Keine Frage: Einen Oscar zu gewinnen ist schwierig, und wer es schafft, der hat was erreicht!

Einer, der mit 27 Jahren ziemlich jung war, als er 1998 gleich bei seiner ersten Nomination eine Siegesrede halten durfte, ist Matt Damon. Und er hat in einer Talkshow mal etwas über seinen Sieg gesagt, was mich sehr beeindruckt hat:

«Am Ende der Show kamen wir wieder nach Hause, meine Frau ging gleich schlafen, und ich sass da mit diesem Oscar und dachte nur "Gott sei Dank, musste ich niemanden durchf*%& um den zu erhalten!" Und plötzlich war da diese Erkenntnis – und ich stellte mir vor, wie es wäre, wenn ich ein Leben lang diesem Oscar nachgerannt wäre… und ich hätte ihn nie gewonnen. Und dann irgendwann mit 80 hätte ich es geschafft, mit meinem ganzen Leben hinter mir und würde denken: "Was für eine unglaubliche Verschwendung das doch war!" Versteht ihr, was ich meine? Wenn du ein Loch hast in dir, welches du füllen möchtest, dann wird dieser Preis es nicht füllen können. Und ich fühlte mich so gesegnet, diese Erkenntnis mit 27 zu haben, dass ich nicht als alter Mann zurückblicken muss und sagen: "Oh mein Gott, wo ist mein Leben nur hin, was habe ich getan!?"»

Wofür kämpfst du in deinem Leben? Was ist das eine Ziel, das du in deinem Leben mal erreichen willst? Was sind die kleinen Erfolge, für die du jeden Tag kämpfst? Weisst du, ich glaube es ist nicht schlimm, im Leben auch andere Ziele zu haben als nur «Gott nachfolgen und in den Himmel kommen». Ich persönlich würde mich z.B. extrem freuen, wenn ich im Unihockey etwas öfters treffen könnte an Turnieren. Oder wenn ich es kräftemässig mit meinem Bruder, einem absoluten Schrank verglichen zu mir, aufnehmen könnte. Ich wäre durchaus gerne später mal erfolgreich im Job, möchte eine Familie, vieles mehr, und das nimmt mir hoffentlich niemand übel. Die Frage ist, warum möchtest du das erreichen. Wenn du einfach Freude hast an diesen Dingen, wenn du dadurch andere Menschen oder vielleicht sogar Gott ehren und glücklich machen kannst, super. Aber wenn du es machst, um irgendeine Leere in dir aufzufüllen, dann nimm dir Matt Damons Worte zu Herzen: Es wird niemals reichen. Dieses Loch auffüllen kann am Ende nur Gott. Je früher du das realisierst, desto eher kannst du beginnen, die Prioritäten in deinem Leben richtig zu setzen. Dann kannst du bei Gott deinen Sinn finden, und gleichzeitig lernen, deine Ziele aus den richtigen Motivationen heraus zu verfolgen. Und dann kannst du

voller Freude die Mission angehen, den WM-Pokal, die Traum-
frau, die perfekte Lehrstelle, das Einfamilienhaus oder eben deinen Oscar zu gewinnen.

GOTT BRAUCHT KEINE WERBUNG

Ich war damals noch sehr klein, keine 7 Jahre alt. Ich hatte ein paar Mal in der Zeitung Fotos von F1-Rennautos gesehen, wo «Red Bull» draufstand. Gross, fett, unübersehbar. Wow, so ein cooles Auto wollte ich auch! Eines Tages gingen wir mit meinem Grossmami in der Migros einkaufen, und da sah ich irgendwo ausgestellt Kartons, die mit «Red Bull» angeschrieben waren. Logischste Überlegung der Welt: Da muss ein Modellauto drin sein. Und ich bestürmte meine Grossmutter (welche ziemlich entsetzt war), sie müsse mir das kaufen. Sie verstand zwar nicht, was mein Gerede von Autos und so zu bedeuten hatte, kaufte mir die Box aber natürlich nicht. Zum Glück, muss ich sagen, denn ich kann das Gesöff wirklich nicht ausstehen! Tja, wie irreleitend Werbung doch sein kann…

Werbung – unsere Welt ist voll damit. Auf der Strasse, im Zug, im Fernsehen sowieso, auf YouTube, Gratisapps, Zeitungen, Radio, … Sogar in der Kirche und im Godi wird manchmal im Infoblock noch Werbung gemacht.

Werbung gibt es in aller Form – und von jeder Qualität. Es gibt Werbeslogans, die sind einfallsreich, kreativ, die bleiben hängen. Jeder kennt die (Un-)Fallskizzen der Mobiliar, oder die drei verschwiegenen Opas vom Appenzeller Käse. Dann gibt's Werbungen, die sind so einfallslos, dass mir dazu kein Beispiel mehr eingefallen ist. Und dann gibt es noch die richtig Schlechten, die sind dann schon wieder gut, weil sie hängen bleiben.

Werbekampagnen können massgeblich zum Erfolg eines Produkts beitragen. Oder sie können es massiv schädigen. Wird an einer Werbung irgendwas gefunden, was (zumindest angeblich) nicht ok ist (Rassismus-Skandal, falscher Werbepartner zur falschen Zeit, Fehlinformationen, Pferdefleisch in der Lasagne), wird im Internet ein Shitstorm losgetreten, es kann dem

Unternehmen Millionen kosten. Umso mehr gibt sich die Werbebranche Mühe, die perfekte Werbung zu kreieren.

So zeigt Werbung nur die positiven Seiten eines Produkts. Stellt euch vor, die Deutsche Bahn würde werben mit: «Jeder zweite Zug von uns ist massiv verspätet» oder Facebook mit: «Wir klauen Ihre Daten». Oder stellt euch mal vor, auf der Gummibärchenpackung würde tatsächlich «Haribo macht Kinder fett – steht sogar im Internet» stehen. Das wäre ja dumm! Ein Produkt, das nicht total mängellos scheint, hat keine Chance gegen die Konkurrenz.

Bei Gott ist es anders. Gott braucht keine Werbung, auch wenn die Konkurrenz auf dem Religionen-Markt wohl grösser ist als sonst wo. Weisst du warum? Wenn Gott gewollt hätte, dass ihn möglichst viele Menschen um jeden Preis annehmen, dann hätte er uns einfach keinen freien Willen gegeben. Oder keine Konkurrenz zugelassen. Dann müssten wir alle an ihn glauben, weil wir schlicht keine andere Möglichkeit hätten. Natürlich könnten wir vor dem Bundesgericht wegen seiner Monopolstellung klagen, aber ob das was nützen würde?

Gott möchte, dass wir ehrlich über ihn berichten, weil er sich wünscht, dass Menschen sich aus vollster Überzeugung für ihn entscheiden. Er braucht keine Christen, die ihn auf den Märkten anpreisen und nur «Liebe, Gnade, Gratiseintritt in den Himmel!» Schreien. Ich glaube er will, dass die Menschen unmissverständlich hören: Wenn du Gott nachfolgst, sind damit nicht einfach all deine Probleme weg. Wenn du Gott radikal nachfolgst, dann musst du mit Widerstand bis hin zu Gefangenschaft und Tod rechnen. Wenn du Gott nachfolgst, dann möchte er dich ganz. Nicht nur eine kleine Dachkammer, er möchte dein ganzes Haus!

Es geht nicht darum, schwarz zu malen. Du kannst ja anfügen: Mit Gott sind deine Probleme nicht weg, aber er hilft dir, sie durchzustehen. Du musst mit Widerstand rechnen, aber Gott weiss, wie viel er dir zumuten darf, und belohnt dich auch für deinen Kampf. Er möchte dich ganz, und glaub mir, das ist schwer, aber unglaublich erfüllend. Und wenn du deine Fehler von Herzen bereust, dann ist Gott tatsächlich voller Gnade und vergibt dir! Du musst nicht schwarzmalen, sondern es geht darum, Gott ganz darzustellen, auch mit den Seiten, welche Menschen auf den ersten Blick vielleicht abschrecken. Es geht darum, dass der Gott, der die Welt so sehr geliebt hat… (Johannes 3,16) auch will, dass seine Nachfolger täglich «ihr Kreuz auf sich nehmen» (Markus 8,34). Ich glaube, manchmal haben Christen Angst, gewisse Dinge über Gott zu sagen, weil die Zuhörer ihn deshalb vielleicht ablehnen könnten. Aber hey: Du musst Gott doch nicht verkaufen! Rede ehrlich über ihn, wie du ihn kennst. Und Gott wird schon dafür sorgen, dass es im Herzen der anderen Person richtig ankommt.

Und weisst du was? Ich glaube 99,99% der Personen schätzen es, wenn sie merken, dass wir nicht einfach noch eine Agentur mehr sind, welche ihnen ein Produkt verkaufen will. Sondern dass wir hier von einer echten Option sprechen, und ehrlich erzählen, woran wir glauben.

ZEIT UM GLÜCKLICH ZU SEIN

Ich sitze im Wohnzimmer. Das tue ich nicht oft. Doch an diesem Nachmittag hat mich irgendetwas dazu veranlasst, mich aufs Sofa zu setzen, um dort am Laptop noch ein bisschen im Internet zu stöbern. Irgendwann gesellt sich unsere Katze zu mir. Sie ist ein sehr scheues Ding, und ausserdem ist der Platz auf meinem Schoss vom Laptop blockiert. Erst zögere ich, ich habe heute noch anderes zu tun, doch dann stelle ich ihn auf das Salontischchen. Der Weg ist frei. Sie kommt, schnuppert vorsichtig an mir, und setzt dann ganz vorsichtig ihre Tatze auf mein Bein, klettert über mich und schaut sich die andere Sofaseite an. Den Motor hat sie inzwischen angestellt. Nach ein paar Sekunden macht sie kehrt, klettert zurück, wieder ganz behutsam, als könnte der kleinste Fehltritt ihrerseits ein Donnerwetter meinerseits auslösen. Sie setzt sich hin und schnurrt. Während andere Katzen stundenlange Streicheleinheiten benötigen, um den kleinsten Brummer von sich zu geben, fühlt sie sich davon eher gestört. Nichts kann ich tun, als einfach nur neben ihr zu sitzen und diesen Moment des Glücks mit ihr zu teilen. Und während ich sie so anschaue und merke, dass Katzen nicht schnurren können, wenn sie gähnen, erinnere ich mich daran, worüber ich heute Morgen in der Schule nachgedacht habe.

Es war eine recht ähnliche Situation, ich sollte eigentlich einen Text lesen, aber ich sah draussen diese wunderschöne Sonnenaufgangsstimmung. Und mir wurde bewusst, wie oft wir diese Momente in unserem Leben einfach vorbeiziehen lassen, uns nicht die Zeit nehmen, die es braucht, um voll in sie einzutauchen. Manchmal haben wir vielleicht Angst davor, weil wir spüren, dass es viel Zeit in Anspruch nimmt, und Zeit haben wir oftmals nicht. Wir sind beschäftigt mit der Schule, der Arbeit, mit allerlei Freizeitbeschäftigungen, Sport, Computer, Handy usw. Wir haben keine Zeit, oder wenn wir sie hätten, nehmen wir sie uns nicht. Wir nehmen uns nicht die Zeit, einen Sonnenaufgang zu bewundern, einer Katze beim Schnurren zuzuschauen, einen Text wie diesen zu schreiben. Wir hetzen von einem Termin zum nächsten, checken alle 5 Minuten die Nachrichten, immer besorgt, etwas zu verpassen. Wir leben in einer Zeit, die uns einredet, du bist glücklich, wenn du alles hast, alles erlebst, alles mitmachst. Das ist sehr energie-, geld- und kraftraubend, und am Ende sind wir deswegen oft auch nicht recht zufrieden. Kein besseres Beispiel gibt es als die besinnliche Adventszeit, in der alle wahnsinnig werden, weil sie allen noch ein Geschenk kaufen müssen. Oder darauf das Weihnachtsfest, welches doch ein Fest der Freude sein sollte, bei dem sich schlussendlich aber doch oft alle übermüdet anknurren.

Ich glaube, vor lauter Suche nach dem Glück verpassen wir die Momente, die uns wirklich gut tun. Wir haben das Gefühl, wir müssten irgendetwas tun, um unsere schönen Momente zu verdienen. Doch manchmal ist der einzige Preis, den wir zahlen müssen, sich Zeit zu nehmen. Aufzuhören, dem Glück nachzujagen und sich vom Moment glücklich machen zu lassen. Nicht tun, was uns der Verstand sagt, sondern tun, was wir schon lange Mal wirklich machen wollten. Und dann sitzt du im Schulzimmer und schaust nur zwei Minuten in die farbigen Wolken, und du bist fasziniert von dieser unglaublichen Schönheit, wie die Farben zusammenpassen, wie alles so unglaublich schön ist. Du kannst deine Katze betrachten, dir Gedanken machen darüber, ob Katzen wohl denken können, und einfach mal zur Ruhe kommen. Viele halten solche Momente mit dem Smartphone fest, statt sie zu geniessen, aber auf dem Bildschirm wird es nie mehr dasselbe sein, was es wirklich war.

Solche Dinge sind verpönt, wir verspotten jemand, der einen Abend lang verträumt seiner Katze zuschaut, der beginnt, ein bisschen für sich herumzuphilosophieren. Oftmals kommt der

Spruch: «Hast du eigentlich keine Hobbys?» Doch diese Leute haben nicht eingesehen, dass man manchmal das Glück nicht mit tausend Hobbys, sondern mit fünf Minuten Stille findet.

Und diese Zeit, für die können wir nicht andere verantwortlich machen. Wir können nicht der Schule sagen, sie sollen uns eine Lektion früher gehen lassen, damit wir das Leben geniessen können. Diese Zeit müssen wir uns selbst nehmen. Wenn wir mal all die Zeit zusammenrechnen, in der wir versuchen, glücklich zu sein, und sie streichen, haben wir stundenlang Zeit, wirklich glücklich zu sein. Zeit haben wir tatsächlich. Wir müssen sie uns nur nehmen.

Zum Schluss möchte ich sagen, dass wir unser Glück keinesfalls nur so finden. Es wäre uns zurecht mit der Zeit langweilig. Wir dürfen uns verausgaben, das Leben leben. Aber manchmal würden uns zehn Minuten ruhig auf dem Sofa mehr helfen als zwei Wochen Ferien.

ZWEI SEKUNDEN WELTUNTERGANG

Am Ende des Gottesdienstes vor der Kinderhüeti. Zwei kleine Jungs müssen noch warten, bis ihre Mama sie abholt. Der Ältere verkündet, in welchen Teil des Gebäudes er nun gehen wird, um die Wartezeit zu überbrücken, und läuft davon. Als sein kleiner Bruder das sieht, schiessen ihm Tränen in die Augen. Sein grosser Bruder ist gerade im Begriff, ihn ganz allein zurückzulassen! Er stösst einen Schrei des Entsetzens aus «Nein, WARTE!» Schnell springt er seinem Bruder nach und packt ihn fest bei der Hand. Uff, gerade noch überlebt! Alles ist wieder gut. Gemeinsam tapsen sie davon.

Ich bin sicher, jeder hat als Kind mal so eine Situation erlebt wie dieser kleine Junge. So ein kurzer Moment, in dem man befürchtet, man werde jetzt ganz allein sterben gelassen, und die Welt würde untergehen. Dann springt man in die offenen Arme von Papa, oder packt das grosse Geschwister fest bei der Hand, und alles ist wieder gut. Es sind gut zwei Sekunden Weltuntergangsstimmung.

Als Teenie rasten nur noch die wenigsten aus, wenn sie mal kurz auf sich allein gestellt sind. Und doch gibt es auch da immer wieder so Momente, in denen scheinbar alles für immer schwarz wird. Wie will ich die nächste Prüfung bloss bestehen? Was, wenn ich fürs nächste Semester in der Stammklasse runtergestuft werde? Kann ich jetzt noch eine Lehrstelle bekommen? Wieso verhält sich mein Freund so komisch, ist etwas nicht in Ordnung? So kurze Momente, in denen alles auf einem hineinbricht, und man einfach keinen Ausweg mehr sieht.

Die Option, dass man in solchen Situationen zu Papas offenen Armen rennt, gilt in dem Alter als ziemlich uncool, und Händchenhalten mit dem älteren Bruder wäre erst recht komisch. Wo rennst du hin in deinen Weltuntergangsmomenten? Redest du mit den Eltern darüber? Schreibst du deinem besten Freund/deiner Freundin? Betest du? Vielleicht fliehst du auch einfach vor der Angst, gehst ein bisschen an den PC, stürzt dich in deine Hausaufgaben, hörst Musik?

Wäre der kleine Junge einfach heulend im Eingangsbereich zusammengebrochen, vielleicht wäre er am Ende wirklich einsam und allein… Nein natürlich nicht! Manchmal kann man solche «Weltuntergänge» auch einfach kurz überbrücken und nachher ist wieder gut. Aber normalerweise sind die Probleme danach immer noch da. Mir persönlich hilft es, dass ich Freunde habe, von denen ich weiss, dass ich sie in meinen kleinen und grossen Downs kontaktieren kann. Dass ich mal alles in Worte fassen und jemandem erzählen kann, dass ich einfach schreiben kann: «Hei Jungs bitte betet mal kurz für mich!» Und nicht selten geht's danach wirklich schon wieder eine Menge besser.

Und andere Male habe ich doch tatsächlich daran gedacht Gott zu kontaktieren, und es hat bisher noch selten geschadet. Ich erinnere mich an den ein oder anderen Abend, da war ich richtig frustriert, tausend Prüfungen vor der Tür, Krach in der Klasse, scheinbar nur Probleme und Niederlagen, wohin man auch sieht. Dann kam ein einfaches Stossgebet zum Himmel. Und plötzlich war wieder gut. Da wars wieder friedlich in mir.

Ich glaube sowie Papa einem als Kind in den Arm nimmt, wenn man unerklärlicherweise die Treppe runtergefallen ist, oder nachdem man sich im Zoo verlaufen hat – genauso ist auch Gott da mit offenen Armen, wenn wir Problemen oder Ängsten gegenübersehen, welche die Kompetenzen eines durchschnittlichen Papas übersteigen. Und wir dürfen zu ihm rennen, ihn fest bei der Hand nehmen und wissen, dass wieder alles gut ist. Welt gerettet in zwei Sekunden.

HEAL THE WORLD

Am Freitag, 13. November 2015 stand die Welt still. Rund 140 Menschen verloren an diesem Abend in Paris ihr Leben, bei Anschlägen von muslimischen Extremisten. Es war der Startpunkt einer Welle von Attentaten durch Islamisten in Europa. Das Bild des friedlichen Europas wurde erschüttert, der Terror, scheinbar ein Problem weit weg in Syrien, war plötzlich vor der Haustür. Und der Islam war nun offiziell die Religion der Gewalt, welche Hass und Krieg verbreitet.

Am Freitag, 15. März 2019, knapp dreieinhalb Jahre später, steht die Welt wieder still. Wieder wurde eine «Friedensinsel» Ziel eines Massakers. In Neuseeland starben 50 unschuldige Menschen im Kugelhagel. Sie waren dieses Mal keine Christen beim Gottesdienst, keine Juden in einer Synagoge. Auch keine Homosexuellen in einer Schwulenbar, oder was auch immer in den letzten Jahren die Ziele für allerlei islamistische Anschläge war. Es waren friedliche Muslime, welche sich zum Freitagsgebet versammelt hatten. Der mutmassliche Attentäter, ein weisser Australier, sah seine Tat als «Racheakt» gegenüber den Muslimen.

Für mich ist diese Tragödie eine Art Schlussstrich unter eine Zeit, in der man sich von den bösen Muslimen abheben konnte. Wo die «westliche Zivilisation» sich so überlegen fühlte gegenüber den rückständigen Islamisten. Nun zeigt sich wieder einmal, dass unsereiner genauso gut unschuldige Menschen massakrieren kann, aufgrund ihrer Rasse, Religion oder Herkunft.

Womit wieder einmal bewiesen wäre: Ein grausamer Mensch zu sein, hängt nicht davon ab, woher man kommt, welcher Gesellschaftsschicht oder politischen Orientierung man angehört, und auch nicht, auf welche Religion/Weltanschauung man sich dabei beruft. Es gibt friedliche und hilfsbereite Christen, Juden,

Hindus, Muslime, Atheisten. Es gibt gastfreundliche Äthiopier, Syrer, Chinesen, Schweizer. Es gibt intelligente und vernünftige Leute in fast allen Parteien. Und gleichzeitig gibt es überall auf der Welt Verbrecher, Mörder, geldgierige und skrupellose Menschen, welche nicht davor zurückschrecken, u.a. Religionen zu ihren Gunsten zu Missbrauchen. Vom Christentum über die atomare Energie bis hin zum Kommunismus hat der Mensch schon unzählige Male gezeigt, wie er Dinge sowohl zum Guten als auch zum Schlechten verwenden kann.

Was heisst das nun? Wir sollten wieder aufhören, Menschen unter Generalverdacht zu stellen, aufgrund ihrer Religion, ihrer politischen Einstellung, usw. Wir wären ja geradezu entsetzt und beleidigt, wenn wir nun von den arabischen Staaten allesamt als mutmassliche Terroristen angesehen würden, nur weil wir weiss sind wie der Attentäter in Neuseeland. Dann lasst uns auch die anderen so behandeln wie wir selbst behandelt werden möchten. Ich höre oft, der Islam sei eine Religion des Krieges und der Unterdrückung… Ich weiss es nicht. Ich persönlich habe den Koran nie gelesen, weiss nur was andere darüber sagen. Ich weiss nicht, was der «wahre» Koran aussagt, Gutes oder Schlechtes… Aber was ich weiss: Egal wie die Botschaft nun ursprünglich gemeint war, die meisten Muslime leben heute einen friedlichen Koran. Und sie unter Generalverdacht zu stellen ist genauso falsch, wie wenn man uns Christen alle mit den christlichen Terrormilizen in Teilen Afrikas oder dem Ku-Klux-Klan gleichsetzten würde.

Zu guter Letzt möchte ich nochmals auf den Punkt zurückkommen, dass dieser Terroranschlag angeblich ein Racheakt war: Die Zeit von Auge um Auge ist vorbei! Die Regel «Böses mit Bösem vergelten» hat Jesus längst abgeschafft. Wir sollen lernen zu vergeben. Nicht weil es leicht ist, sondern weil Gott auch uns vergeben hat. Hass produziert Hass, Gewalt stiftet neue Gewalt an. Wir Christen haben die Aufgabe, mit Gottes Hilfe diesen Teufelskreis zu durchbrechen. Wir sollen diejenigen sein, welche nicht zurückschlagen oder zurückstacheln, sondern vergeben. Auf dem Pausenplatz, zu Hause, im Ausgang, überall.

«Wir kämpfen nicht gegen Menschen, sondern gegen die bösen Mächte der Himmelswelt», schreibt Paulus im Epheserbrief 6,12. Wir sollen böse Taten hassen, aber niemals die Menschen, welche sie vollbringen. Genauso wie Gott jeden Menschen liebt, auch wenn er die Sünde hasst. Unser Kampf ist im Gebet, und nicht mit einer Waffe in der Hand, schon gar nicht gegen friedliche und unschuldige Menschen.

Das alles sollte eigentlich gesunder Menschenverstand sein, aber leider zeigen uns Ereignisse wie in Neuseeland, dass es noch nicht alle verstanden haben.

 Und falls es dich interessiert, Bodo Wartke, ein deutscher Musiker, hat zu dem Thema ein cooles Lied geschrieben: «Nicht in meinem Namen»

DER WEISE FREUND

«Seid sofort bereit, jemandem zuzuhören, aber überlegt genau, bevor ihr selbst redet!»

Jakobus 1,19

Vor ein paar Jahren in unserer Kleingruppe. Wir sind mal wieder in Diskussionen abgeschweift... Einer von uns hat ein Problem und nun versuchen wir ihm irgendwie gute Ratschläge zu geben, versuchen ihm zu helfen. Es gibt verschiedene Lösungsansätze, alle haben ihre Schwächen, es wird rauf und runter debattiert, alle versuchen ihre Sichtweise darzulegen.

Nur einer nicht. Der sitzt ganz still da, sagt die ganze Zeit nichts. Als sich der ganze Rest der Gruppe müdegeschwatzt hat, fragen wir ihn noch, was denn eigentlich er dazu meint. Er hält inne, denkt nach. Dann betet er ganz kurz leise für sich. Und bringt seine Antwort. Zehn Sekunden lang, aber weiser als alles, was wir zuvor zu dritt zusammengebracht haben in unserem Palaver.

Ich weiss ehrlich gesagt nicht mehr, was das Problem war, auch nicht, was die weise Schlussfolgerung war. Aber dieses Grundkonstrukt der Konversation ist mir geblieben. Dieser Junge (*Name der Redaktion bekannt), der ruhig danebensitzt, der weiss, dass am Ende nicht er, sondern nur Gott die richtige Antwort hat. Und der dieses Wissen auch umsetzt.

Zuerst mal innehalten und Gott fragen. Machst du das in deinem Leben? Auch dann, wenn du scheinbar schon eine Antwort weisst, oder wenn scheinbar keine Zeit mehr da ist, um Gott zu fragen? Ich finde das persönlich eher schwierig. Ich bin einer der gerne so schnell wie möglich eine Lösung auf dem Tisch hat, bzw. auf den Tisch bringt, wenn ein Kumpel ein Problem hat, warte ich nicht zwei Tage mit meiner Antwort, sondern versuche ihm sofort bestmöglich zu helfen. Ist sicher eine äusserst noble

Einstellung, aber wie oft hat darunter wohl schon die Qualität meiner Antwort gelitten? Wie oft hab ich mir nicht die Zeit genommen, erst mal Gott zu fragen, bevor ich neunmalklug in eine Diskussion geschlittert bin?

Es ist einfach so: Kein Problem, keine Frage, keine Herausforderung kann dringend genug sein, als dass man nicht vorher noch Gott fragen könnte. Sollte. Oftmals würde es sogar die ganze Sache abkürzen und uns so einige Diskussionen ersparen, wenn wir öfters einfach zusammensitzen und beten würden, wenn wir eine Frage haben. Direkt durchs Fenster statt zuerst durch die ganze Wohnung – ich glaube wir sind bei einer alten Fliegengeschichte gelandet... Einfach mal Gott fragen. Genau wie es dieser inzwischen zum Glaubensheld erklärte Freund getan hat.

Mich hat er mit seiner Aktion mega beeindruckt, und ich denke es ist einer der Gründe, warum ich ihn bis heute zutiefst bewundere. Ob er sich noch an die Geschichte erinnern kann weiss ich nicht, so oder so, wir können alle noch viel von ihm lernen!

HUIUIUI

Ich weiss nicht, ob du schon mal Bücher wie Jesaja gelesen hast. Sie handeln von einer Zeit, in dem Gott gelinde gesagt ziemlich sauer war auf sein Volk Israel. Ein Beispiel ist Jesaja 1,11-15. Am besten liest du die Stelle kurz nach.

Ich weiss nicht, wie es dir geht, aber ich lese solche Stellen hauptsächlich aus in der Zuschauerperspektive und schüttle den Kopf, was für untreue und schlechte Menschen die Israeliten doch sind! Aber vor kurzem habe ich mal versucht, eine solche Passage auf mich umzuschreiben. Und ich muss sagen, ich war dezent schockiert. Das wäre Jesaja 1,11-13 in der Ich-bezogenen Version:

«Der Herr fragt: Was soll ich mit all deinen Spenden und «Opfern» anfangen? Ich habe genug von deinem Geld und den alten Klamotten, die du spendest, von den zwei Minuten, die du in deinem ach so stressigen Tag für mich investierst. Du gehst in dich (quasi Gottes Tempel, 1.Kor 3,16) und willst mir begegnen. Aber in Wirklichkeit zerstörst du Tag für Tag deinen Körper und deinen Geist. Du gehst am Sonntag in den Gottesdienst, an Weihnachten und Ostern triffst du dich mit deiner Family, aber ich hasse es, weil du an deinen Sünden festhältst!»

Das alleine finde ich schon recht hart. Aber es kommt noch krasser (Verse 14-15)

«Ich hasse deine Gottesdienste! Sie sind mir eine Last, ja, sie sind mir unerträglich geworden! Strecke nur deine Hände zum Himmel, wenn du betest – ich halte mir die Augen zu! Bete so viel du willst – ich werde nicht zuhören, weil an deinen Händen Blut klebt!»

Ok. Dass Gott mit meinem halb-halb Christsein nicht so ganz zufrieden ist, mag ich ja noch nachvollziehen. Aber das hier ist ja nun regelrechter Liebesentzug (was nach aktuellen Erkenntnissen der Psychologie keine gute Erziehungsmethode ist!)

Weisst du, mir ist bewusst, Jesus ist gekommen und für unsere Sünden gestorben, einige Dinge haben sich verändert, seit das Buch Jesaja geschrieben wurde. Und ich würde meine persönliche Situation tatsächlich nicht ganz so schwarz einstufen wie oben beschrieben. Und trotzdem wurde mir irgendwie klar: Ich kann mich vor dieser Stelle nicht einfach verschliessen. «Ich halte mir die Augen zu, wenn du betest!» Oftmals haben wir das Gefühl, Gott würde niemals so zu uns reden! Warum denn? Einfach weil er «Liebe» ist? Glaub mir, Gott hat das Volk Israel auch geliebt, so sehr, dass er sie trotz Generationen voller Gotteslästerer und Sündern immer wieder neu beschenkt hat. Und trotzdem hat er sie hier so zusammengeschissen.

Ich finde es schön, Gott als den liebenden Vater sehen zu dürfen, als einen gnädigen König. Denn das ist er, und das macht ihn einfach nur wunderbar! Aber wir dürfen dabei den majestätischen Herrscher des Universums nicht einfach wegdenken, der entsetzt ist ab unseren Sünden, und der zornig wird, wenn er sieht, wie gleichgültig wir seine Gesetze brechen. Den Gott, der (unser?) scheinheiliges Leben verabscheut.

Es geht hier nicht darum, Angstpolitik zu betreiben. Und es bleibt auch dabei: In den Himmel kommen wir durch den Glauben an Jesus Christus, nicht durch gute vs. schlechte Taten. Aber ich glaube uns ist oft zu wenig bewusst, wie sehr Gott tatsächlich erbost und verletzt ist ab unserem Handeln. Wenn ich meinen Bruder beleidige, schlecht über andere denke oder rede, wenn ich gewalttätig bin, wenn ich lüge, stehle… Dann sagt Gott nicht einfach: «Och, schade, aber naja, in den Himmel kommste ja eh, also, lass mal gut sein» Nein, ich glaube viele Stellen im Alten Testament zeigen uns auf, dass Gott kotzen könnte ab unserem Handeln, und davon angewidert ist. Wir sollten uns dessen mehr bewusst sein im Alltag. Wenn wir gegen Gottes Gebote und Richtlinien verstossen, dann ist das nicht einfach so egal. Sondern es tut ihm weh! Und wer möchte schon dem besten Papa der Welt willentlich einen Stoss ins Herz verpassen?

Was nun?

«Wasch dich, reinige dich von aller Bosheit! Hör auf Unrecht zu tun! Lern wieder, Gutes zu tun! Sorge für Recht und Gerechtigkeit, trete den Gewalttätern entgegen und verhelfe den Schwachen zu ihrem Recht!»

Jesaja 1,16-17

Und weisst du was das Schöne ist? Wenn das Volk Israel seine Fehler erkannt hat, und sich ehrlich entschuldigt hat, hat er ihnen jedes Mal wieder vergeben! Jedes einzelne Mal!

FRÜHLINGSPUTZ

Kennst du die Geschichte der alten Frau, die sich einst an einem schönen Apriltag daran machte, ihr Haus zu putzen?

Ihr war über den Winter endlich mal klargeworden, wie viel Dreck, Unrat und allerlei Krimskrams sich im Haus angehäuft hatte. An diesem sonnigen Morgen war sie nun voller Motivation, sich endlich in die Arbeit zu stürzen. Sie sammelte alles, was sie nicht mehr benötigte, draussen vor dem Haus. Sie putzte die Fenster, klopfte die Teppiche, räumte alle Schränke aus und wieder ein. Aus menschlicher Sicht fast unmöglich, dass sie alles ganz allein zu säubern vermochte, aber ihre Motivation war so gross, dass sie es im Handumdrehen geschafft hatte. Zu guter Letzt machte sie sich an den Keller. Dort hatte sich über die Jahre eine ganze Menge Dreck angehäuft. Auch von hier brachte sie zuerst den ganzen Unrat nach draussen. Dort begutachtete sie alles und entschied, was sie behalten und was sie wegwerfen wollte. Dann ging sie wieder nach unten, putzte alles doppelt und dreifach. Sie öffnete die Kellerfenster, um mal wieder richtig zu lüften. So war sie nun fertig und ging gleich selbst mit dem alten Lieferwagen des Nachbarn zur Müllabfuhr, um alles umweltfreundlich zu entsorgen.

Soweit so gut. Aber nun wird es merkwürdig. Als sie bei der Müllhalde ankam, erzählte sie dem Angestellten dort von all dem Gerümpel, was sie dabeihatte und er erklärte ihr, wo sie es zu entsorgen hatte. Sie hörte zu, bedankte sich herzlich und ging. Sie fuhr wieder nach Hause, aber ohne auch nur ein einziges Teil abgegeben zu haben. Alles nahm sie wieder mit! Zu Hause räumte sie den Lieferwagen wieder aus und liess alles vor ihrer Garage stehen.

Komisch, oder? Aber es kommt noch dicker: Erinnerst du dich an den Keller? Nachdem sie ihn leergeräumt hatte, hat sie ihn nie wieder betreten! Als sie dann ein paar Jahre später starb, fanden die Verwandten den Keller völlig überwuchert, voll mit Mäusen und Ungeziefer. Zwischendurch hatte wohl sogar noch ein Penner drin gewohnt.

Eine merkwürdige Geschichte, findest du nicht? Aber weisst du was? Während man das Verhalten dieser alten Frau noch auf Demenz oder sowas zurückführen könnte, gibt es jeden Tag so viele Menschen, jung und alt, arm und reich, welche genau so leben. Sie erkennen, was in ihrem Leben alles falsch läuft. Und so bringen sie es zu Jesus, erzählen ihm eine Stunde lang davon, aber danach nehmen sie all ihre Sorgen und Probleme wieder mit, ohne sie bei Gott abgegeben zu haben, ohne darauf zu vertrauen, dass er sich drum kümmert. Jesus hat nicht gesagt, er wolle sich unsere Probleme anhören, er will sie wegnehmen!

Und auf der anderen Seite gibt es Menschen, die sehen ein Problem, packen es an und räumen auf. Die bringen einen Bereich in ihrem Herzen in Ordnung, die räumen alles Schlechte aus – aber sie füllen das leergewordene Zimmer nicht mit Gott. Sie lassen es einfach so stehen. Und weisst du, dieses Zimmer bleibt nicht ewig unbelegt. Wenn du es nicht mit Gutem füllst, kommt irgendwann ein anderer Mieter. Oftmals noch schlimmer als der letzte. Dazu passend: Lukas 11,24-26

Also: Wenn du Sorgen hast – bring sie zu Jesus. Und lass sie dort. Und wenn du so eine Sparte deines Lebens aufgeräumt hast: Schau zu, dass du den freigewordenen Platz mit Gott füllst. Also zum Beispiel, wenn du dich entscheidest, weniger Zeit am PC zu verbringen, nützt es nichts, wenn du schlussendlich einfach mehr am Handy bist, dann musst du dich aktiv einsetzen, die freigewordene Zeit mit Bibellesen oder Beten oder whatever zu füllen. Sonst kommt eher früher als später einfach wieder Sünde rein.

DIE TANTE AUS MAROKKO KOMMT

Kennst du das Kinderlied von der Tante aus Marokko? Sie kommt auf zwei Kamelen, wenn sie kommt! Und sie schiesst mit zwei Pistolen! Und dann trinken wir 'ne Flasche, und dann backen wir 'nen Kuchen, schrubben wir die Bude, wenn sie kommt. Und dann kam ein Telegramm, dass sie nicht kommt. Damn it!

In einigen Versionen des Liedes kommt sie am Ende doch noch. Aber es ist immer das gleiche: Es bildet sich ein riesen Hype um diese mysteriöse Tante, die Leute werden zum Backen und Schrubben animiert – und dann kommt ein Telegramm, dass sie nicht kommt! Frustrierend.

Manchmal hat man doch bei der ganzen Jesusgeschichte ein vergleichbares Gefühl. Es scheint, als wäre alles nur eine aufgeblasene Geschichte, die uns dazu verleiten soll, etwas besser zu leben, die Bude zu schrubben. Mag ja sein, dass dieser Jesus mal gelebt hat, und ein weiser Mensch war, aber da wurden noch Kamele und Pistolen und allerlei dazugedichtet, und am Ende finden wir heraus, dass es alles doch nur ein Gerücht war. Macht auch Sinn. Man darf nicht alles glauben, was vor 2000 Jahren mal passiert sein soll.

Auch schon vor besagten 2000 Jahren waren Menschen an dem Punkt angelangt, wo das Telegramm in die Bude flatterte, und es hiess: Sorry, war doch alles nur ein Fehlalarm. Am Karfreitag starb Jesus. Und irgendwie war alles vorbei.

«Ich bin der Messias», hat er gesagt. «Ich erlöse euch von euren Sünden», hat er gesagt. «Ich werde den Tempel niederreissen und in drei Tagen wieder aufbauen», hat er gesagt. «Ich bin der Sohn Gottes!», hat er gesagt. Und jetzt ist er tot. Zu Tode gefoltert auf eine der grässlichsten und erniedrigendsten Methoden der Menschheitsgeschichte. Und er konnte sich nicht mal wehren. Nein. Das kann nicht Gottes Sohn gewesen sein. Das ergibt keinen Sinn. Das war alles ein riesengrosser Irrtum.

Und dann kommt Ostern. Und Jesus ist wieder da! Jesus Lebt! Der Mann, der erwiesenermassen tot war, läuft plötzlich wieder durch die Gegend. Wow! What? Dann war es doch kein Fehlalarm! Jesus ist Gottes Sohn!

Das ist für mich so ein bisschen die Bedeutung von Ostern. Denn: Weise Sprüche klopfen und ein paar Wunder tun – das haben in der Bibel schon einige hingekriegt. Gottesfürchtige und gottlose Menschen. Und sterben, das kann nun wirklich jeder. Aber drei Tage später plötzlich wieder quicklebendig herumlaufen – das macht Jesus dann wirklich besonders. Es ist der Beweis für uns: Er war Gottes Sohn. Er ist Gottes Sohn!

Die Jünger wussten nun, dass sie nicht einem Märchen aufgesessen sind. Doch wie können wir es wissen? Wenn Jesus tatsächlich Gottes Sohn ist, wenn er tatsächlich in den Himmel aufgefahren ist und nun von dort uns zur Seite steht – wenn die Bibel wahr ist: Dann gibt es unzählige Versprechen und Verheissungen in der Bibel, die ebenfalls stimmen müssen (natürlich, ohne aus dem Kontext gerissen zu werden). Wenn du also wissen willst, ob Gott es ernst meint – dann schau mal, ob er seine Versprechen in deinem Leben einlöst. Zum Beispiel das eine: «Kümmert euch zuerst um mein Reich und stellt eure anderen Probleme hinten an. Dann kümmere ich mich um alles andere.» Ich durfte tatsächlich schon erleben, wie Gott es belohnt hat, wenn ich meine Prioritäten richtig gesetzt habe. Wie er seine Versprechen eingelöst hat in meinem Leben. Im 21. Jahrhundert.

Die Jesusgeschichte ist kein aufgeblasenes Gerücht, kein Märchen. Die Tante aus Marokko kommt tatsächlich. Inklusive Kamele und Pistolen. Es hat sich gelohnt, die Wohnung zu säubern.

DER ARME FRÜHAUFSTEHER

Oh Mann, du glaubst gar nicht, wie früh ich heute aufstehen musste. Richtig schlimm war das! Kaum mehr Zeit fürs Frühstück, da musste ich schon auf den Zug hetzen. Was für ein Glück, dass ich nicht jeden Tag so früh raus muss!

Was fragst du? Du willst wissen, wann ich auf den Zug musste? Öh… höhö… ja, früh eben. Also für meine Verhältnisse. Ich meine, für mich war es eben… ja, ok, wenn du's unbedingt wissen musst: 7:30 fuhr der Zug.

Dadurch, dass ich zurzeit vergleichsweise spät mit Arbeiten beginne (und auch aufhöre, natürlich) gab es in diesem Jahr schon öfters solche lustigen Begebenheiten. Ich war total überfordert mit der Zeit, an der ich aufstehen musste, eine Zeit, in der meine Kollegen längst auf dem Weg zur Arbeit waren. Es herrscht dann relativ wenig Verständnis für meine Situation.

Dabei: Eigentlich ist es eine völlig normale Sache! Früh aufstehen ist eben relativ. Nehmen wir mal 6:00 Uhr. Für einen Bäcker, der normalerweise morgens um fünf mit der Arbeit beginnt, ist diese Zeit absolut himmlisch! Für einen grossen Teil der Arbeitenden ist es eine normale Zeit um aufzustehen. Und Leute wie ich erleben sechs Uhr eigentlich nur, wenn etwas ganz, ganz besonderes ansteht. Ansonsten ist diese Zeit absolut inexistent für mich.

Egal wie spät du aufstehen musst: Wenn du nicht vernünftig genug bist, deinem Körper genug Schlaf zu geben, musst du immer «zu früh» aufstehen. Genauso ist es doch mit vielen Sachen. Meine Mutter hat kürzlich zu einem von uns Kindern gesagt: «Zum Glück ist dein Zimmer nicht grösser, sonst wäre da noch mehr Chaos!» Wenn du keine Ordnung in deiner kleinen Kammer hinkriegst, hättest du höchstwahrscheinlich auch in einer Riesenvilla ein Durcheinander. Oder dann ist da noch Geld. Geld hat man irgendwie auch nie genug. Es gibt immer noch etwas, wofür man scheinbar wirklich dringend ein paar Franken – oder halt ein paar Tausender braucht. Fussballtrainer Christian Streich, der nicht selten zu äusserst tiefgehenden Interviews neigt, hat es einmal sehr schön formuliert: «Es ist normal bei Leuten, die viel Geld haben. Sie wollen noch mal ein bisschen mehr Geld, weil sie sagen: Wenn dieses oder jenes passiert, habe ich noch etwas mehr Sicherheit. Es ist kein böser Gedanke dahinter, wenn man mehr Geld will. Es ist diese Sehnsucht nach Sicherheit und Anerkennung. Deshalb verdient einer 10 Millionen, und der andere möchte gerne 11 Millionen im Vertrag. Nicht weil er böse ist, sondern er möchte die Anerkennung. Und er will nochmals mehr Sicherheit. Man hat eine Familie, was ist, wenn der oder der krank wird, es gibt immer Argumente, es ist nicht böse, wenn man das will. Und je mehr du hast, desto mehr kannst du verlieren, und desto grösser ist der Wunsch nach Sicherheit, um deinen Besitz zu behalten. Und so geht das immer weiter.»

Geld wird dir nie die hundertprozentige Sicherheit geben. Selbst eine Lebensversicherung kann deinen Tod nicht verhindern. Und auch Freunde, Macht oder woran auch immer man sich in seiner Not hält, sind vergänglich. Von allem kann man immer mehr haben, von keinem wird man je genug bekommen.

Tja, bleibt nur noch Gott. Er begleitet dich durch diesen Tag, egal ob du den Goodie gleich um 5 Uhr liest, wenn er auf der Godi-Website erscheint, oder um 7 Uhr, wenn er per WhatsApp auftaucht, oder erst am Nachmittag. Egal ob du ein armer Cheib bist, oder nur das Gefühl hast einer zu sein, er gibt dir echten Wert. Ob du umgeben bist von Freunden oder mutterseelenallein – er will dein bester Freund sein.

SO MACHT ARBEITEN SPASS

Der 1.Mai ist ja bekanntlich der Tag der Arbeit und so bietet es sich natürlich an, auch gleich einen Goodie über dieses Thema zu machen. Bei den Demos geht's ja normalerweise darum, wie sich die Arbeitgeber und die Politik verändern sollen. Doch mal eine andere Frage: Wie sollen wir uns beim Arbeiten eigentlich verhalten? Nun, Paulus hat mal geschrieben:

«Ihr Sklaven, gehorcht in allem euren irdischen Herren! Tut dies nicht nur, wenn sie euch dabei beobachten und ihr von ihnen anerkannt werden wollt. Verrichtet eure Arbeit aufrichtig und in Ehrfurcht vor Christus, dem Herrn im Himmel. Denkt bei allem daran, dass ihr letztlich für ihn und nicht für die Menschen arbeitet.»

Kolosser 3,22-23

Ok, das Bild eines Sklaven war im alten Rom noch etwas anders als vielleicht heute. Nichtsdestotrotz waren sie Eigentum ihres Herrn, hatten keinen Lohn, konnten auch mit dem Tod bestraft werden, wenn sie z.B. flohen. Es gab freundliche und gerechte Sklavenbesitzer, es gab allerdings sicherlich auch sadistische Unterdrücker. Und Paulus sagt: Gehorcht ihnen! Gehorcht den guten und den schlechten Herren. Petrus schreibt es noch deutlicher:

«Ihr Sklaven, ordnet euch euren Herren mit der notwendigen Achtung unter, nicht nur den guten und freundlichen, sondern auch den ungerechten.»

1. Petrus 2,19

Was für eine krasse Aufforderung! Ich hoffe, die wenigsten von euch arbeiten heute noch als Sklaven. Doch man kann sich diesen Vers auch als Schüler, Lehrling oder Praktikant zu Herzen nehmen, schätze ich. Oder eher: Wenn sogar Sklaven sich so verhalten sollen, wie viel mehr dann wir!

Wer kennt nicht diesen Lehrer, der langweilig, nervig und ungerecht ist, für den man einfach null Respekt übrig hat? Wer kennt nicht dieses Projekt, das einem so sehr am Arsch vorbeigeht, dass man es erst eine Stunde vor Abgabe halbpatzig zusammenkritzelt?

Und Petrus und Paulus kommen und sagen: Stopp! Respektiere deinen Lehrer, auch wenn er dich immer ungerechterweise am schlechtesten benotet! Gib dir Mühe bei deinen Aufträgen, auch wenn du den Sinn dahinter vielleicht nicht siehst. Tue es nicht nur, wenn du dafür belohnt wirst (#Schleimer), sondern erst recht auch dann, wenn es niemand bemerkt. Einfach aus Respekt gegenüber deinem Lehrer/Arbeitgeber.

Die Arbeiterbewegung der letzten 150 Jahre hat sehr viel Gutes hervorgebracht. Sie hat zu besserem Schutz am Arbeitsplatz geführt, zu faireren Verhältnissen. Auch in der Schule hat sich in den letzten Jahrzehnten viel getan, und dafür können wir dankbar sein. Aber etwas, was dabei etwas verloren ging, ganz besonders in der Schule, ist die Achtung und der Respekt gegenüber den Lehrern. Und hier heisst es ganz klar, dass wir Christen einen Unterschied machen sollen.

GRÜNER DAUMEN

Vor einer Woche schlug bei den Schweizer Obstbauern mal wieder der Frostalarm. Ein absolut aprilwürdiger Maibeginn drohte wie schon 2017 grosse Teile der Ernte zu zerstören. Ok, ganz so schlimm wie damals wars dann doch nicht. Und trotzdem: Viele Bauern verbrachten ein paar Nächte draussen, um ihr Obst mit Frostkerzen, Feuern, Decken und sogar einer Eisschicht über den Blüten zu beschützen.

Ich als Laie bin baff, was es da alles für Techniken gibt. Zugegebenermassen habe ich mit Obstanbau etwa so viel am Hut wie mit Tiefseetauchen, nämlich nichts. Aber auch ich habe ein paar Dinge verstanden:

Blüte→Frucht→gesundes Essen→gut

Maifrost→erfrorene Blüte→keine Frucht→kein Essen→nix gut

Frostkerzen→warm→gesunde Blüte→gesunde Frucht→supii!!

Ich bewundere diese Leute, was sie alles unternehmen, um ihre Pflanzen zu schützen. Und dann auf der anderen Seite macht es auch wieder Sinn, immerhin hängt ihr Lebensunterhalt davon ab. Ob sie ihre Familie ernähren können, hängt davon ab. Also ist es durchaus logisch, dass sie dafür kämpfen.

In der Bibel wird unser Glaube, unsere Beziehung zu Gott manchmal auch mit einer Pflanze verglichen, oftmals mit Reben (=Trauben). Es ist ein zartes Pflänzchen, dass gut gepflegt werden muss, damit es gut wachsen und gedeihen kann. Und damit es am Ende Frucht bringt. 30-fach, 60-fach, 100-fach. Und als ich mir das so überlegt habe, kam bei mir die Frage auf: Geb ich denn auf diese Pflanze acht? Bin ich bereit, Opfer dafür zu bringen, wie die Bauern in den kalten Nächten? Bin ich bereit, zu giessen, zu wärmen, zu schützen? Bin ich bereit, auch mal Geld in die Hand zu nehmen oder eine Nacht durchzumachen meinem Pflänzchen zuliebe? Kurzum: Behandle ich meinen Glauben und meine Beziehung zu Gott so, als hinge mein Leben davon ab?

Ich musste mir ganz ehrlich gestehen: Nein, so heldenhaft kämpfe ich im Moment nicht dafür. Aber ich möchte es wieder neu als Ansporn nehmen, mir ein Vorbild nehmen an diesen Obstbauern, und alles geben für mein Glaubenspflänzchen. Auf das es reichlich Frucht bringt!

NIX GSEE

Als ich mal am Schnuppern war, wollte ich in der Mittagspause an den See gehen, um ein bisschen den Kopf zu lüften. Ich kannte mich nicht gut aus vor Ort, aber für gewöhnlich verlaufen die Eisenbahnlinien ja ungefähr parallel zum See, so schwierig kanns also nicht sein. So bin ich losgestapft, frohen Mutes, hab das erste Sandwich im Gehen verspeist. Die Sonne hat gescheint (oder gar geschienen), es war ein wundervoller Tag.

Doch nach einer Weile begann ich mich zu fragen, wo der liebe Gott wohl den See versteckt hatte. Ich lief und lief, und meinem hervorragenden Orientierungssinn zufolge hätte ich längst schwimmen müssen. Aber da war kein See. Nur Einfamilienhäuser. Das gibt's doch nicht!

Mehr aus Zufall schaute ich zwischendurch mal nach rechts. Beinah hätt ich's übersehen... Hui, Freude herrschte! Und gleichzeitig auch etwas Frust, denn es gibt wahrlich heldenvollere Aktionen, als einen See zu suchen und dabei seiner Seite entlang zu laufen. Zu meiner Verteidigung: Es waren noch 2-3 Reihen Häuser dazwischen, also so dumm bin ich nicht, dass ich am Ufer entlanglaufe und nicht check, dass der See neben mir liegt.

Trotzdem zeigt diese kleine Anekdote wieder: Schön und gut, wenn du meinst, richtig zu laufen im Leben. Aber manchmal solltest du vielleicht trotzdem einen kurzen Kontrollblick zur Seite werfen, ob du dich in deinen Berechnungen nicht ein klein wenig geirrt hast!

Die meisten Menschen kommen zwischendurch mal vom Weg ab. Die Frage ist, ob sie es merken oder nicht.

THIS LITTLE LIGHT OF MINE

In den Frühlingsferien veranstaltete unsere Kindertagesstätte ein Musical. Das bedeutete viel Material, welches hin- und hertransportiert werden musste. Als ich dann nach einer Woche Ferien wieder zurückkam, und die Materialräume kontrollierte, war natürlich vieles nicht mehr am richtigen Ort, viele Gegenstände sah ich auch zum ersten Mal. Lustig und herausfordernd. Aber ein ganz bestimmtes Objekt hat's wirklich übertrieben, und davon muss ich euch erzählen:

In einem Kellerraum lag eine Baustellenlampe. Und die brannte immer noch. Ich mein – das Musical war seit einer Woche vorbei. Das kann doch nicht sein?! Und überhaupt – was genau hat die hier zu suchen??? Langer Rede kurzer Sinn, ich hatte keine Ahnung, wie man so ne Lampe ausschaltet. Kein Knopf, kein Schalter, nix. Ist ja auch gut so, sonst schaltet die auf der Strasse jeder Passant an und aus. Also brachte ich sie nach oben, in der Hoffnung, ein Mitarbeiter sei vielleicht etwas fähiger als ich. Zwei Tage später stand sie immer noch leuchtend im Flur. Niemand wusste, woher sie kommt, oder wo sie hingehört, geschweige denn, wie man sie abstellt. Dann war sie weg, und ich hatte alles vergessen.

Heute nun musste ich wieder in den Keller. Und da steht in einer Kiste – na was wohl? Genau. Die Lampe, und sie brennt immer noch. Und noch immer hat es keiner fertiggebracht, das Teil auszuschalten! Sie ist einfach unverwüstlich.

Die Lampe steht nun fest und unerschütterlich in irgendeiner Gerümpelkiste, leuchtet in der Dunkelheit und wird erst dann Ruhe geben, wenn ihr Akku den Geist aufgibt. Und wahrscheinlich singt sie (oder eher morst, ist ja ne Lampe) die ganze Zeit: «-.... .. ... .-.. .. - - .-.. . .-.. .. --. .... - --- ..-. -- .. -. . .. .- -- --. --- -. -. .- .-.. . - .. - ... . -. .» Tja, und wenn du das jetzt verstehen willst, bist du entweder ein Morseexperte, oder verwendest wie ich Google, um das Problem zu lösen.

Diese Lampe ist damit kurzerhand zu meinem Glaubensheld Nr.1 geworden. Ob sie Jesus kennt, konnte sie mir nicht mitteilen (hab auch nicht gefragt), aber sie kommt garantiert in den Lampenhimmel, wenn ihr Akku am Ende ist. Dann kann sie mit tausend anderen Lampen weitermorsen und Gott loben. Ich mein, wenn sogar die Steine schreien können, um Gott zu ehren, wie viel mehr ist dann eine Lampe dazu in der Lage. Stell dir mal vor, so eine charismatische Kirche voller Baustellenlampen, die wie wild herumhüpfen und Lieder morsen. Ok, das war jetzt ein richtig hobbyloser Absatz, aber es hat Spass gemacht, ihn zu schreiben.

Nein im Ernst. Manchmal wünschte ich mir, ich wäre etwas mehr wie diese Lampe. Eine Lampe, die leuchtet, auch wenn das eigentlich niemand will. Und die sich nicht einfach abstellen lässt, sondern unaufhaltsam weiterleuchtet in der Dunkelheit.

Wenn du Jesus in dein Leben aufgenommen hast, dann ist der Heilige Geist in dir, und der macht eigentlich nichts lieber als nonstop zu leuchten. Er ist quasi deine Baustellenlampe, egal ob du bock hast oder nicht – sie leuchtet. Nun ist noch die Frage, was du damit machst. Hängst du diese Lampe bei einer Baustelle auf und nutzt sie, um auf Gott aufmerksam zu machen? Oder stellst du sie in den Keller, damit sie dich nicht stört?

WILD WEST ON FIRE

Mit grosser Wahrscheinlichkeit hast du schon mal ein Lucky Luke Comic gelesen. Wenn ja, dann weisst du, dass die Stories immer gleich enden: Luke reitet auf seinem treuen Gaul in den Sonnenuntergang und singt das Lied vom einsamen Cowboy, während ihm die Leute nachschauen. Und manchmal blickt ihm auch der Bösewicht noch nach und zischt drohend: «Ich werde mich rächen», dann weiss man schon, dass es irgendwann weitergeht. Ungefähr so stelle ich mir Auffahrt vor: «The Lamb with the holy Gun», letzte Szene. Jolly Jesus reitet auf seinem Pferd dem Sonnenuntergang entgegen und verschwindet in den Wolken, während seine Freunde ihm staunend nachschauen. Das Ende einer grossartigen Story, der grössten, die es wohl jemals gegeben hat. Bereits kommt der Abspann – Doch halt! Da tauchen zwei Typen von der «White Society» auf und fragen die Petrus-Bande, die noch immer dumm rumsteht und blöd in die Gegend kuckt: «Was steht ihr hier und starrt nach oben? Gott hat Jesus aus eurer Mitte zu sich in den Himmel genommen; aber eines Tages wird er genauso zurückkehren, wie ihr ihn gerade habt gehen sehen!» Und plötzlich ist das Ende der einen Story der Anfang der nächsten.

An Auffahrt feiern wir diesen Moment. Als Jesus in den Himmel ging und sein Kapitel beendete. Vorläufig. Und eine gute Woche später feiern wir die Fortsetzung. Dass der Heilige Geist kam und eine völlig neue Dynamik in die Geschichte brachte. Dass im Saloon von Jewrüsselhams-Town ein Feuer ausbrach, und die Petrus-Bande plötzlich in all den Sprachen Gott loben konnte, die sie in der Schule nie gelernt hatten.

Ich empfehle dir wärmstens, in den nächsten Tagen mal die ersten paar Kapitel der Apostelgeschichte zu lesen. Wo eben genau diese Ereignisse beschrieben werden. Es ist wirklich eine mega ermutigende und coole Story. Es ist die Story, wie aus ein paar nichtsnutzigen Fischern, bzw. Kuhhirten plötzlich mutige und furchtlose Cowboys werden, die zuerst Jewrüsselhams-Town und danach den ganzen Wilden Westen (aka Rom) verändert haben.

Es tut gut, wenn man sich daran erinnern kann, dass Jesus bald wiederkommt. Dass er irgendwann all das Leid und die Ungerechtigkeit vernichtet. Aber bis dann – nimm dir die Worte der zwei Engel zu Herzen: Nicht einfach rumstehen und Jesus nachgucken, sondern die Zeit nutzen, um so vielen Menschen wie möglich die gute Botschaft zu erzählen! Lass auch du dich vom Heiligen Geist anstecken, und du wirst verändert werden wie Petrus, der vom aufbrausenden, unüberlegten Fischer zum ersten Superprediger des Christentums wurde.

Wenn du noch nicht wirklich weisst, wie sich das anfühlen soll mit dem Heiligen Geist, dann bete einfach dafür! Die Jünger waren nach Auffahrt auch komplett ahnungslos – und scared as fuck! Und was haben sie gemacht? Sie haben sich in eine Dachkammer zurückgezogen, abgeschlossen und einfach zusammen gebetet. Bis Pfingsten, als der Heilige Geist kam und WAMM ihr ganzes Leben veränderte. Er kommt nicht immer auf so spektakuläre Art und Weise wie in Apg. 2. Aber dass er kommt, davon dürfen wir überzeugt sein. Denn Jesus hat es uns versprochen.

BLITZILEAKS

«Und noch zu den Verkehrsinformationen: Blitzer stehen heute auf der Hauptstrasse zwischen Ixwil und Ypsikon beim Dorfeingang von Musterlingen, und...»

Vor kurzem lief im Auto ein deutscher Radiosender und da erzählte der mir einfach so heraus, wo die Blitzer in der Umgebung stehen. Ich verstand für einen kurzen Moment die Welt nicht mehr. Ich mein – What? Was genau ist der Sinn von Blitzern, wenn man weiss, wo sie sind?! Ich dachte zuerst: 'Ok, aber das geschieht sicher mit dem Hintergedanken, dass zusätzlich an unbekannten Orten auch noch Blitzer stehen.' Aber weit gefehlt! Es wird auch noch dazu aufgerufen, bei der Radiostation anzurufen, falls man einen Blitzer sichtet. Bürgerwehr gegen Radarfallen. Da wird quasi der Blitzer zum Geblitzten. Verrückte Welt!

Es ist eigentlich interessant, wie sich die Leute immer ärgern, wenn irgendwo ein Blitzer steht – als würde man sie damit belästigen oder ihrer Rechte berauben. Dabei: Geblitzt wirst du ja nur, wenn du dich nicht an die Regeln hältst. Man ärgert sich also darüber, dass man dazu gezwungen wird, die Gesetze einzuhalten – sagt doch einiges über unsere Gesellschaft aus...

Ja, Gesetze sind gut, wenn sie Mörder, Einbrecher und meinen stressigen Nachbarn betreffen und beeinträchtigen. Aber meine Güte, lasst mir doch meine Freiheiten! Und so kommen wir dann zu so absurden Situationen, dass uns gesagt wird, wo die Blitzer stehen, damit wir andernorts Vollgas düsen können.

Manch einer müsste sich wieder mal die Frage stellen: Wozu sind Regeln eigentlich da? Einfach nur, um arme Bürger zu ärgern und unterdrücken? Damit der korrupte Staat uns das Geld aus der Tasche ziehen kann? Oder vielleicht eher, weil nur wenige km/h mehr oder weniger über Menschenleben entscheiden können?

Ich mach mir nichts vor: Es gibt bedenklich sinnlose Regelungen und bürokratischen Mist. Ganz besonders in der Schweiz. Aber ganz grundsätzlich sind Gesetze zum Schutz der Menschen da, damit ein gemeinsames Zusammenleben funktioniert. Ganz besonders in der multikulti-Schweiz.

Wenn wir nun zum Glauben und Gottes Gesetzen wechseln, ist es doch eigentlich genau gleich: Anstatt den Wert und die Hintergedanken von seinen Regeln zu suchen und wertzuschätzen, versuchen die Menschen (auch Christen), sie um jeden Preis zu umgehen. Z.B.: Hab nur mit einem Partner Sex und warte damit bis du geheiratet hast – veraltete Weltanschauung oder ein Schutz für deine Beziehung?

Ja. Wir können uns zusammenschliessen. Dann suchen wir nach allen möglichen Schlupflöchern in den biblischen Gesetzgebungen und Tipps und werfen sie über den Haufen. Wir richten eine Hotline ein, wo sich jeder melden kann, der einen Grund gefunden hat, ein Gebot nicht einzuhalten.

Oder aber, wir versuchen herauszufinden, warum Gott diese Gebote erlassen hat. Was hat er sich dabei gedacht? Was ist der Sinn? (Ich meine abgesehen von «du sollst nicht töten», da ist es irgendwie klar). Vielleicht lernen wir dann wieder all diese Regeln wertzuschätzen. Und vielleicht halten wir uns ab da auch dann ans Tempolimit, wenn wir wissen, dass kein Blitzer in der Nähe steht.

JÖÖÖSUS

«Entweder war – und ist – dieser Mensch Gottes Sohn, oder er war ein Narr oder Schlimmeres. Wir können ihn als Geisteskranken einsperren, wir können ihn verachten oder als Dämon töten. Oder wir können ihm zu Füssen fallen und ihn Herr und Gott nennen. Aber wir können ihn nicht mit gönnerhafter Herablassung als einen großen Lehrer der Menschheit bezeichnen. Das war nie seine Absicht; diese Möglichkeit hat er uns nicht offengelassen.»

C.S. Lewis

Dass irgendein Mensch namens Jesus ums Jahr Null herum mal gelebt hat, kann man heute eigentlich nicht mehr leugnen. Jesus' Existenz ist (wissenschaftlich) besser belegt als z.B. die von Julius Caesar und auch von anderen historischen Persönlichkeiten, die niemand in Frage stellen würde. Was er allerdings war – darüber gehen die Meinungen weit auseinander. War er Gottes Sohn? War er ein Prophet, ein Wunderheiler? War er ein Zauberer? Oder einfach nur ein gewöhnlicher Halsabschneider, der die Leute mit Tricks und Lügen bei der Stange gehalten hat?

C.S. Lewis, der Autor der Chroniken von Narnia, selbst ein Christ, hat es mit seinem Zitat sehr gut zusammengefasst: Jesus gibt uns am Ende nur zwei Möglichkeiten. Er hat nicht möglichst vage Formulierungen verwendet, oder schwammige Begriffe, die man je nach Belieben anders interpretieren konnte. Im Gegenteil – er sagt an mehreren Stellen ziemlich klar: Ich bin Gottes Sohn. Ich bin der Weg in den Himmel. NUR ICH bin der Weg zum Himmel.

Nun kann man sagen, er habe die Wahrheit gesagt. Oder man kann sagen, er sei ein Gotteslästerer, von bösen Mächten besessen, wie es die Pharisäer gesagt haben. Man kann sagen, er sei ein Irrer gewesen. Oder ein Betrüger. Aber eines war er sicher nicht: Einfach nur ein guter Redner mit ein paar ehrenvollen Motiven.

Ich möchte dir Mut machen: Finde heraus, wer Jesus ist. Bilde dir deine eigene Meinung. Denn die Antwort auf diese Frage kann dein Leben entscheidend beeinflussen. Wenn er Gottes Sohn war, dann knie nieder und bete ihn an. War er aber nur ein Irrer, dann solltest du die Finger von ihm lassen. Jesus hat uns nie die Möglichkeit gelassen, ihm «ein bisschen nachzufolgen». Wenn du die Bibel liest merkst du, dass er eigentlich nur Extreme zur Wahl stellt. Und welches der beiden du glaubst, kannst am Ende nur du entscheiden.

ENDLICH REGEN

Oh Mensch, was hab ich diesen Mai gehasst! Kalt, nass, windig, einfach alles was den schönen Frühling nicht ausmachen sollte. Nein, ich bin kein Regentyp. Entweder will ich Sonnenschein und über 20°C oder Temperaturen um den Nullpunkt und viel Schnee. Alles dazwischen ist nicht wirklich erwünscht.

Das war noch dezent anders, als wir in Afrika lebten. Dort regnet es für ca. 8 Monate überhaupt nicht. Zwischen Oktober und Februar ist das mehr oder weniger egal, denn dann ist es tagsüber auch «nur» 20°C warm. Aber wenn im Mai dann der Kühlschrank ebendiese 20°C anzeigt, und draussen im Schatten gar das doppelte herrscht, dann will man nichts weiter als einen Sprutz Regen. Es läuft ja dann nicht einfach Wasser aus dem Hahn (weil es kein fliessendes Wasser gibt). Und das wenige Wasser, welches man aus dem Brunnen holt, muss sparsam verwendet werden.

Und dann, Mitte Juni ungefähr, ist es wieder so weit. Der Himmel wird schwarz, der Geruch von Sommerregen liegt in der Luft. Man hört ihn richtiggehend herankommen. Ein dumpfes Rauschen. Und plötzlich rasseln tausende grosse Tropfen aufs Wellblechdach und komponieren das schönste Geräusch auf Erden. Regen!

Wir sind dann immer gleich nach draussen und einfach nur herumgerannt. Mensch und Tier, alles freut sich zusammen über das Wasser, welches endlich wieder da ist.

Manchmal tut es ganz gut durch eine Trockenzeit zu gehen, weil man den Regen erst dann wieder richtig schätzen lernt.

GOTTES COLA

Wenn ein Alien auf die Erde kommen würde, wäre es wohl erstaunt, was wir Menschen alles trinken können. Eine ganze Weile gab es Flaschen mit brauner Flüssigkeit drin, wo «Anna», «Benjamin», «Max», «Sarah» und viele andere Namen draufstanden. Wtf – sind Menschen etwa doch Kannibale???

Natürlich nicht. Und hättest du die Flasche in der Migros gesehen, wäre für dich sofort klar gewesen, dass es sich um Coca-Cola handelt. Es gibt Marken, die haben sich so sehr in unser Hirn eingebrannt, dass sie sich scheinbar alles erlauben können und dennoch erkannt werden. Eben z.B. Coca-Cola – weisse Schrift auf rotem Grund, die unverwechselbar geschwungenen Buchstaben – jeder weiss, was es ist. Sie können Namen drauf schreiben, Orte, Gefühle, Feste – alles. Es muss der Traum eines jeden Werbefachmanns sein, wenn ein Produkt so gut bekannt ist, dass er nach Lust und Laune kreativ werden kann, ohne das Publikum zu verwirren.

Ich wünsche mir, dass Gottes Handschrift in mir so kraftvoll wird, dass man sie einfach immer erkennt, in allem was ich tue. Dass ich nicht zur Kirche gehen oder Goodies schreiben muss damit die Leute denken: «Hmmmmm… der *könnte* Christ sein!» Sondern dass der Unterschied einfach erkennbar ist. Egal ob ich Kartoffeln schäle, im Ausgang bin, bei der Arbeit, in den Ferien. Dass ich selbst so voll bin mit Jesus, dass man es jederzeit sieht und glaubt.

GROSS

Gestern vor 50 Jahren, also am 16. Juli 1969, starteten drei Astronauten zur bis dahin spektakulärsten und futuristischsten Reise der Menschheitsgeschichte. Ihr Ziel war es, als erste Menschen auf dem Mond zu landen. Die ganze Welt sah zu, als Neil Armstrong seinen Fuss auf die Mondoberfläche setzte, und sagte: «Ich habe einen grossen Hunger, aber nur ein kleines Stück Lasagne!»… äh… oder so ähnlich. Einer der ältesten Träume der Menschheit wurde wahr, plötzlich war es nicht mehr Science Fiction, sondern Realität.

Anlässlich dieses Ereignisses wollte ich etwas besser verstehen lernen, wie gross all das ist. Mond, Sonne, Durchmesser und Abstände – das kann ich mir gar nicht vorstellen. Also hab ich mit etwas Zeit (von der ich offenbar viel zu viel habe) genommen und mich daran gemacht, das Ganze ein bisschen umzubauen. Achtung Warnung, es kommen jetzt etwas viele Zahlen, ich versuchs übersichtlich zu halten.

Packungsbeilage: Anmerkung: Dies ist KEIN Wissenschaftlicher Bericht, die Zahlen sind HandgelenkMalPi-Rechnungen meinerseits und könnten auch kreuzfalsch sein. So ungefähr sollten sie aber stimmen. Sollten Sie auf Fehler stossen, fühlen Sie sich frei Ihre Erkenntnisse mit der Welt zu teilen, das Goodies-Team entzieht sich allerdings jeglicher Verantwortung für die Korrektheit der Zahlen.

Stell dir vor die Erde ist nur gerade so gross wie ein Fussball. Sie hat also einen Durchmesser von ca. 20 cm. Der eben besuchte Mond wäre dann sechs Meter entfernt, und hätte nur gerade 5.5 cm Durchmesser. Kleiner als ein Tennisball. Wenn du Lust hast, kannst du das gerne mal im Korridor in deiner Wohnung versuchen zu rekonstruieren. Neil Armstrong und die Apollo 11 wirst du allerdings nur schwerlich finden können, denn ein Mensch ist in diesem Beispiel viel kleiner als ein Staubkorn.

Nach der Erde war auch der Mond dem Menschen nicht genug, und so möchte man nun gerne bis zum Mars fliegen. Der ist aber bereits einen Kilometer von unserem Fussball entfernt! Sieht man da den Ball von blossem Auge überhaupt noch??? Und es geht weiter: Die Sonne hat einen Durchmesser von über 20 Metern, kann also gut und gerne mit einem Kirchenturm konkurrieren, und sie ist 2.5 Kilometer von unserem Fussball entfernt. Das entspricht etwa der Distanz zwischen Uttwil und Kesswil. Also: in Uttwil liegt auf dem Pausenplatz ein Fussball, und in Kesswil steht beim Kreisel die Kirche. Jetzt haben wir ungefähr ein Modell mit Erde und Sonne.

Die Erde ist aber vergleichsweise nahe bei der Sonne. Der entfernteste Planet ist Neptun, und der ist in unserem Beispiel satte 70 Kilometer von der Kesswiler Kirche entfernt. Wenn du mit dem Zug (und deinem Fussball unter dem Arm) von Romanshorn zum Flughafen Zürich fährst, hast du es also vom äussersten Planeten unseres Sonnensystems zum Zentrum geschafft.

So, wir haben nun also unser Sonnensystem vermessen und bereits jetzt wieder komplett den Sinn für die Verhältnisse verloren. Der nächste Stern ist dann schon über vier Lichtjahre von uns entfernt. Lichtjahre??? Aus Sicht unseres Fussballs ist ein Lichtjahr ca. 150'000 km. Das ist fast vier Mal der Umfang der Erde. Reise mit deinem Fussball vier Mal um die Erde, und du hast ein Lichtjahr, reise 16 Mal rundum und dann bist du beim nächsten Stern. Die Milchstrasse, unsere Galaxie, hat einen Durchmesser von 170.000–200.000 Lichtjahren – und sie ist nur eine von vielen. Wissenschaftler gehen davon aus, dass es mehrere Milliarden Galaxien gibt. Erinnerst du dich an die «glorreiche Reise» von Neil Armstrong? lachhaft!

«WARUM?» Denkst du jetzt. «Warum um Himmels Willen lese ich das in einem Goodie?» Denk das Ganze nochmals durch. Wenn unsere Erde, von der die meisten von uns noch nicht mal ein Bruchteil gesehen haben, nur so gross wäre wie ein Fussball – dann wäre die Sonne über 20 Meter gross, unser Sonnensystem hätte einen Durchmesser von 140 km und wir müssten vier Mal um die Welt reisen, um auch nur eine Masseinheit zu haben, um alles Weitere darstellen zu können. Und selbst dann gehen uns nach kürzester Zeit die Superlative aus. Und jetzt stell dir vor: Grösser als all das ist Gott! Grösser als all das ist der Schöpfer von all diesen Dingen. Was für ein Wesen ist das, dass es solche Dinge kreieren kann. Und – das möchte ich doch nochmals erwähnen – in diesem Beispiel kommen wir Menschen ja nicht mal vor, weil wir so klein sind. Selbst der Burj Khalifa, das höchste Gebäude unserer Welt, wäre nur 0.1mm hoch. Und dieser Gott, der so viel grösser ist als wir es überhaupt verstehen können – dieser Gott will eine Beziehung zu dir. Dieser Gott macht sich so klein, dass er als Baby auf diese Erde kommt und als Mensch lebt. Dieser Gott liebt dich ganz persönlich.

So, ich geb's auf, das sprengt meine Vorstellungskraft – Schluss, aus – ich habe fertig!

DJOKO-WER?

Roger Federer – dieser Name dürfte dir ein Begriff sein. Auch wenn du dich nicht für Tennis interessierst, ihm kannst du eigentlich nicht entgehen. Er ist vielleicht der zurzeit berühmteste Schweizer weltweit, definitiv der erfolgreichste Sportler des Landes, ein bekanntes Aushängeschild.

Doch heute soll es – schweren Herzens – nicht um ihn gehen. Sondern um Novak Djokovic. Djoko-Wer? Ich nehme mal an, von ihm hast du noch nicht so viel gehört (ausser du interessierst dich für Tennis). Und das hängt nicht nur damit zusammen, dass er Serbe ist.

Seit fast 15 Jahren wird das Tennis von drei Spielern dominiert. Federer, Nadal und eben Djokovic. Federer ist von allen sicher der Berühmteste. Er hat am meisten gewonnen, er wirkt sehr sympathisch, ist trotz seines Erfolges am Boden geblieben. Verheiratet, vierfacher Vater, nie einen Skandal. Also quasi: Beliebt – erfolgreich – fair – gutaussehend. Alles was ein Mensch braucht.

Sein Gegenspieler seit 2005: Rafael Nadal. Roger spielt elegant und kreativ, der Spanier wuchtig und voller Emotionen. Federer ist Graskönig, Nadal Sandkönig. Beide haben grosse Fangemeinden, sind auf der ganzen Welt bekannt. Die Rivalität zwischen den beiden hat alles, was sie braucht und trotz allem Wettkampf sind die beiden tatsächlich gute Freunde.

Und dann ist da Djokovic. Versteh mich nicht falsch; auch er ist bekannt, auch er hat viele Fans. Er ist unglaublich erfolgreich und einer der besten Tennisspieler aller Zeiten. Was er jeweils auf dem Court leistet, ist unglaublich! Der rennt hin und her, das gibt's gar nicht. Der macht auch mal 'nen Spagat, um den Ball noch zu erreichen. Ein unglaublicher Sportler. Und trotzdem hat er nie die Popularität eines Federers oder eines Nadals erreicht. Er ist quasi das dritte Rad am Wagen.

Ich bin sicher, dass es für ihn nicht leicht ist. Zum Beispiel wenn er einen Final gegen Roger spielt: Klar sind auch Zuschauer für den Serben, aber die grosse Mehrheit will unbedingt, dass Federer gewinnt. Auch ich sitze dann zu Hause vor dem Fernseher und will nur eines: Dass Djokovic diesen einen entscheidenden Fehler macht. Bei jedem Punkt für Roger springen die Zuschauer auf und applaudieren, er wird angefeuert, er musst einfach gewinnen! Ich ziehe den Hut vor Djokovic, dass er in dieser Situation so ruhig bleibt. Dass er sich nicht ablenken lässt, sondern abgeklärt seine Leistung liefert – und am Ende oftmals gewinnt, leider.

Ich bin sicher auch in deinem Leben gibt's andere Menschen, die einfach beliebter sind als du. Nicht weil du schlechter bist, oder weil du etwas falsch gemacht hast, sondern einfach so. Per Zufall. Der andere war zur rechten Zeit am rechten Ort. Shit happens. Das kann sehr frustrierend sein. Aber dann ist es wichtig, dass man nicht zur Seite schaut, vergleicht und neidisch wird, sondern sich auf sich selber fokussiert, weiter seinen Weg geht und positiv bleibt. Und am Ende, so kitschig wie's auch tönt: Gott liebt dich, wie du bist. Und da ist's egal, wie hoch du im Beliebtheits-Ranking der anderen Leute bist.

SCHWEIZER WERTE

Immer wieder werden christliche Symbole aus unserem Alltag verbannt, um Andersgläubige nicht zu provozieren. In den Schulen dürfen grundsätzlich keine Kreuze mehr hängen (Hufeisen hingegen schon) und auch über die Bergkreuze wird immer mal wieder debattiert. Werden wir demnächst die Kreuze von den Kirchen runternehmen? Unsere Nationalhymne sollte auch dringendst revidiert werden! Ein Initiant der letzten Kampagne erzählte vor ein paar Jahren im Tages Anzeiger «...eine Version gefällt mir ganz gut, es kommt zwar immer noch Gott darin vor, aber sonst...». Weg mit Gott aus unserm Land, wir wollen offen sein für jedermann.

Im Zuge dieser Modernisierung unseres Landes kommen wir eigentlich nicht umhin, auch unsere Landesfahne zu ändern. Schliesslich ist auch das Kreuz darauf religiös zu interpretieren, und damit würden wir doch Andersdenkende verärgern! Einfach rot darf unsere Fahne aber auch nicht bleiben, sonst werden wir am Ende als Kommunisten abgehakt... Was für Verhandlungen mit China vielleicht nützlich wäre, aber nicht so sehr mit Trump, da müssten wir eher eine goldene Fahne haben.

Nein, die Schweizer Fahne muss unsere Werte verkörpern: Freiheit, Sauberkeit, Friede, Neutralität. Und deshalb sollte das neue Ding einfach weiss sein. Nichts weiter. Weiss. Weiss steht für Sauberkeit. Weiss steht für Friede. Weiss ist neutral. Die einzigen, welche diese Fahne anwidern könnte, wären wohl Terroristen. Und das sind ja wohl die einzigen Menschen, denen wir nicht gefallen müssen. Weiss. Weiss sieht auch ein Bisschen aus wie ein unbeschriebenes Blatt Papier. Und das ist gut so. Denn würden wir etwas auf das Schweizer Blatt schreiben, könnten wir ja irgendjemanden damit verärgern. Ja, so soll es sein. Weiss, wie ein leeres Blatt. Denn so wollen wir sein: weiss, sauber, weltoffen und absolut nichtssagend!

WARTEN

Ich war in Frauenfeld unterwegs und wollte unbedingt noch den Schnellzug Richtung Romanshorn erwischen. Eigentlich fährt ein Bus zum Bahnhof, aber der war laut Fahrplan schon abgefahren, deshalb rannte ich an der Haltestelle vorbei. Als ich zurückblickte, sah ich – oh Wunder – den Bus einfahren. Hätte ich doch nur noch zwei Minuten gewartet! Aber egal, es nützte nichts, der Chauffeur wollte nicht mitten auf der Strecke extra für mich anhalten und fuhr an mir vorbei. Ich rannte noch ein Bisschen, aber schliesslich gab ich es auf. Der Schnellzug war längst fällig, ich würde den Bummler nehmen müssen.

Ich kam zum Bahnhof – oh Wunder: Der Zug stand immer noch am Gleis! YESS!!! Ich rannte schnurstracks hinein. Geschafft.

Drinnen stiess ich auf eine ziemlich angespannte Atmosphäre. Irgendeine Fehlermeldung bei einer Tür war der Grund, dass der Zug nun schon zehn Minuten auf die Weiterfahrt wartete. Etliche Passagiere fürchteten um ihre Anschlusszüge – und schwitzten wie in den Tropen. Dann endlich ging es weiter. Viele genervte Gesichter, nur ich war überglücklich, dass der Zug auf mich gewartet hat.

Kaum jemand wartet gerne. Zumindest ich nicht, vielleicht ist es bei dir auch anders. Wenn ich eine Pause machen will, mach ich eine Pause, aber auf andere warten obwohl ich schon ready to go bin – aaaaah, das regt mich auf! Und trotzdem: In einer Gemeinschaft, mit anderen Menschen zusammen, ist es unvermeidbar, dass man ab und zu mal warten muss. In der Schule warten die Schnellen auf die Langsamen. Bei der Abfahrt zum Turnier wartet man auf den Kumpel, der verschlafen hat. Man wartet auf den Anschlusszug, man wartet auf die Deutsche Bahn ganz allgemein (hate-hate-hate). Manchmal ist jemand schuld, manchmal kann auch niemand was dafür. Manchmal wartest du auf andere Menschen, manchmal warten andere Menschen auf dich. Und genau das ist der Punkt: Wir alle sind froh, wenn andere auf uns warten. Da können wir uns doch auch selber ab und zu in Geduld üben.

Wir Menschen sind trotzdem oft nicht allzu geduldig. Wie schön, dass Gott stattdessen überaus geduldig ist! Ich meine – schau mal ins Alte Testament, die Geschichte mit Israel. Klar, ab und zu wird er ganz schön wütend und bestraft sie. Aber er vergibt ihnen auch immer wieder. Als Mose den brennenden Dornbusch noch nicht als klare Botschaft versteht, liefert Gott noch weitere Wunder. Und als Gideon Überzeugung braucht, ob der Typ, der ihm begegnet ist, wirklich ein Engel war, gibt Gott ihm die nötige Zeit und die Erlebnisse, damit er es glauben kann. Und wenn ich sehe, wie viel Zeit sich Jesus nimmt, um seinen Jüngern die gleichen Prinzipien wieder und wieder zu erklären – der hat eine Geduld, die ich nicht aufgebracht hätte.

Manchmal mache ich mir selbst Vorwürfe. «Mann, ich weiss doch längst, dass dieses Verhalten Gott nicht gefällt! Warum mache ich es denn trotzdem wieder?» oder so ähnlich. Bestimmt hast du das auch schon erlebt. Ich glaube wir dürfen uns immer wieder bewusst werden, dass Gott Geduld hat. Er sieht dein Herz, und dass du bemüht bist, und er gibt dir immer wieder neu eine Chance, es zu probieren.

Und denk daran: Wenn dein Zug das nächste Mal Verspätung hat – vielleicht hat jemand anderes genau diese fünf Minuten gebraucht, um ihn noch zu erwischen.

DIE LIEBE WAHRHEIT

Als Kind hörte ich gerne und oft Kassetten. Und jetzt, als ich das schreibe, frage ich mich ob überhaupt noch alle Leser wissen, was eine Kassette ist. Oje, ich werde zu alt...

Jedenfalls gab's da ein Hörspiel, das von einer Tierklinik handelt. Also die Tiere sind die Ärzte und die Patienten, ein Spital von Tieren für Tiere sozusagen. An den genauen Namen kann ich mich nicht mehr erinnern. Jedenfalls gibt's da u.a. einen Esel und eine Katze im Ärzteteam. Die beiden reagieren sehr unterschiedlich auf die alltäglichen Stresssituationen, besonders auf die Quasselstrippe im Team. Die Katze geht sehr geduldig und liebevoll mit ihr um, der Esel sagt ihr unumwunden, dass sie nervt.

Es kommt, wie es kommen muss – irgendwann streiten sich die beiden und fechten aus, welches die bessere Umgangsform ist. Die Katze kritisiert, der Esel kommuniziere mit «Wahrheit ohne Liebe». Was er sage, stimme zwar, aber es sei lieblos und verletzend. Der Esel wiederum findet, dass die Katze «Liebe ohne Wahrheit» lebe. Sie sei immer nett, aber rede nicht über Fehler. Es ist ein Problem, welches die meisten kennen. Die einen sagen sofort, wenn sie etwas nervt, und wirken mit der Zeit richtig anstrengend. Andere sind immer lieb, sagen aber nicht was sie stört. Es ist verletzend, wenn uns jemand einfach so sagt, dass wir scheisse sind und was unsere Fehler sind usw. Genauso fühlen wir uns aber auch nicht ernstgenommen, wenn einer mega freundlich ist, uns aber nicht ehrlich sagt was wir falsch machen.

Gerade auch wenn man von Gott und seinem Reich erzählt, gibt es zwei sehr verschiedene Arten, wie Leute von ihm erzählen. Es gibt Leute, die erzählen scheinbar nur das Blaue vom Himmel. Wie die Katze. Gott ist Liebe, Gott ist Gnade, Gott ist gut usw. Sie ignorieren aber komplett, dass Gott auch Forderungen an uns stellt, dass er durchaus auch Wut, Rache und Strafe im Repertoire hat, und dass am Ende die Entscheidung für oder gegen Jesus eine Frage von Leben und Tod ist. Auf der anderen Seite gibt es Leute, die sind so sehr auf die Ernsthaftigkeit der Situation fokussiert, dass sie den liebenden und gnädigen Gott komplett vergessen. Sie sagen zwar die Wahrheit, aber malen die ganze Zeit ein Weltuntergangsbild. Am Schluss fühlen sich die Zuhörer gezwungen oder unter Druck gesetzt, obwohl doch unser Glaube ein Glaube der Freiheit ist. Denn verstehst du, Gott ist doch beides! Gott ist Liebe und Wahrheit. Gott ist streng, aber auch geduldig. Gott kennt nur schwarz und weiss, keine Grauzonen. Aber wenn wir unsere Fehler bereuen, dann putzt er sie immer und immer wieder weg.

Am Ende ihres Streits, und nach einer Pause – um die Köpfe etwas abkühlen zu lassen – kommen Katz und Esel zum Schluss: Es muss ein Mittelweg sein. Man muss sagen können, wenn einem etwas nervt oder wenn etwas nicht gut ist. Aber man muss es so sagen, dass der andere es akzeptieren kann und sich wertgeschätzt fühlt.

Es ist unglaublich schwierig, dieses Mittelmass zu finden. Auch ich bin beim Schreiben der Goodies immer wieder am Grübeln – klingt das zu hart? Fehlt da die Liebe? Oder predige ich jetzt wieder Zuckerwatte vom Himmel? Ich glaube das Wichtigste ist, dass wir uns immer wieder selbst hinterfragen und reflektieren. Am besten fragt man auch mal einen guten Freund, wie er einen eigentlich erlebt (in der Hoffnung, dass er einem liebevoll die Wahrheit sagt). Menschen tendieren wohl immer auf die eine oder andere Seite, entweder sehr direkt und unumwunden oder sehr sorgfältig und zurückhaltend. Das ist auch nicht schlimm. An sich selbst arbeiten kann man trotzdem. Wenn du es schaffst, anderen Menschen freundlich die Wahrheit zu sagen, dann werden sie das wertschätzen, ganz bestimmt.

FLIEGEN FLIEGEN LICHTERN NACH

Wer hätte das gedacht – kaum war die Idee da, und morgen wird der erste Goodie bereits ein Jahr alt! Das macht jetzt im Buch natürlich keinen Sinn, aber da die Goodies ursprünglich als wöchentliche Kurzinputs erschienen, war der erste Geburtstag natürlich ein Highlight.

Die Reise begann mit «Fliegen fliegen Fenstern nach», und so fühlte ich mich verpflichtet, zum Jubiläumstag auf die nervigste Nebensache des Sommers zurückzukommen – das Fliegenvieh.

Zu Beginn der Sommerferien waren wir in einem Lager. 8 Leiter – 25 Kinder – 1'000 Fliegen, das war unser Lagerplatz. Und dass uns niemals zu viele Fliegen gleichzeitig um die Ohren flogen, hatten wir unserem Fliegentöter zu verdanken. Eine sogenannte elektrische Fliegenfalle. Und der Begriff «Fliegentöter» ist gar nicht so weit hergeholt, denn im Internet wird das Ding effektiv als «Insektenvernichter» verkauft, was ich gar einen noch besseren Namen finde. Vergiss Terminator und Co, jetzt neu im Kino «Der Insektenvernichter»! FSK ab 21.

Im Falle, dass du dieses Gerät nicht kennst, hier eine kurze Erklärung

> Aufbau: Du hast ein UV-Licht, umgeben von Drähten, welche unter Strom stehen.
>
> Ablauf: 1. Fliege will zu Licht 2. Fliege berührt Drähte 3. Fliege stirbt durch Elektrisches KO
>
> Nebenwirkungen: Das Ableben einer Fliege wird immer von einem lauten Knall begleitet.

Und so war die Freude in der Kinderschar (und bei den Leitern) jedes Mal gross, wenn es beim Abendessen plötzlich «Tack» machte und man wusste, dass einem diese Nacht ein lästiges

Fliegenvieh weniger belästigen würde. Frei nach dem Grundsatz: Nur eine tote Fliege ist eine gute Fliege. Ab und zu war es auch ein Zeitvertrieb, den Fliegen zuzuschauen, wie sie um die Lampe schwirren und zu dabei debattieren, wie lange sie wohl noch brauchen, bis sie ins Verderben fliegen.

So, genug der mordlustigen Beschreibungen. Was können wir von diesen toten Fliegen lernen? Welche Schritte kannst du, Max oder Melania Muster konkret unternehmen, um nicht per Stromschlag ins Jenseits befördert zu werden?

Nun, keine Stromleitungen zu berühren von denen du nicht weisst, dass sie isoliert sind, wäre mein Tipp #1. Aber zurück zur Fliege: Das Problem ist doch, dass die Fliege nur checkt: «Wow Licht – cool, da will ich hin», aber dass sie nicht prüft, ob dieses Licht überhaupt gut für sie ist. Mit ihrem Wunsch nach Licht ist nichts falsch (ausser es handelt sich um meine Nachttischlampe), aber dieses spezifische Licht tut ihr nicht gut!

So, nun zur Botschaft. Jesus spricht «Ich bin das Licht der Welt» Huiiii, das wird jetzt ein sehr kontroverser Goodie. Da bekommen Sätze wie «ich gebe euch ein neues Leben» oder «wir sterben und werden in Christus neu geboren» eine ganz neue Bedeutung… Jetzt weiss ich auch endlich was da an Pfingsten los war mit diesem Feuer vom Himmel – und warum alle dachten, die Christen hätten einen an der (Fliegen)Klatsche…

Oje, that escalated quickly – Nein Quatsch, darauf wollte ich natürlich nicht hinaus. Ich denke, auch in dieser Hinsicht sind wir Menschen oft wie Fliegen. Wir alle suchen nach irgendeinem Licht in unserem Leben, nach etwas, an dem wir uns orientieren können, das uns Halt gibt. Und so wie es für die Fliege ganz unterschiedliche Lichter gibt, die sie ansteuern kann – vom Tageslicht über die Nachttischlampe bis hin zum Insektenvernichter, so gibt es auch für uns verschiedene Dinge, die wir anstreben können, in der Hoffnung, dass sie unserem Leben Sinn geben. Freunde und Familie. Sport. Vielleicht Erfolg in der Schule, im Job. Partys, Drogen, Musik, Freunde, whatever. Das Ding ist: Diese Lichter brennen irgendwann durch. Den Kerzen geht der Wachs aus, die Glühbirnen geben den Geist auf – und die elektrische Fliegenfalle bringt dich um. Ja, einige von diesen Dingen reichen einfach nicht aus, um dir einen richtigen Sinn zu geben, und die anderen sind richtiggehend gefährlich.

Gerade in der heutigen Zeit wird uns z.B. über Werbung reingeballert: «Schau dieses neue Produkt! Hier ist das Licht, das du brauchst! Dann hast du Sinn im Leben!» Überall flammen Lichter auf, als wären wir in der Disco, und alle rufen «Du brauchst mich». Und viel zu oft rennen Menschen einfach auf das erstbeste Licht zu, ohne sich Gedanken darüber zu machen, ob sie hier wirklich Erfüllung finden werden.

Es gibt diese Geschichte von der Frau, die am Brunnen Wasser holt. Und Jesus sagt ihr: «Ich gebe dir Wasser, das dir für alle Ewigkeit den Durst löscht.» Auf unsere Fliegenstory übertragen wäre das dann: «Ich bin dein Licht, dass die Dunkelheit für immer erhellt.»

Gerade hat das neue Schuljahr begonnen, das neue Lehrjahr, vielleicht das erste Jahr nach der Lehre – mach mal einen Schritt zurück und schau dir dein Leben an: Welche Lichter jagst du im Alltag? Sind sie gut für dich? Sind sie einfach eine schöne Deko (darf ja auch mal sein)? Sind die einen vielleicht gefährlich, und du solltest die Finger von ihnen lassen? Und am wichtigsten: Hast du das Licht schon gefunden, welches dein Leben für immer erhellen wird?

10'000'000'000

Den heutigen Goodie hab ich nicht selbst erfunden, meine Religionslehrerin hat uns dieses «Gleichnis» in der sechsten Klasse erzählt. Ich finde es aber so gut, dass auch du es unbedingt kennenlernen musst.

Die Botschaft ist simpel: Du bist eine Null. Das kannst du nicht ändern, es ist einfach so. Was bedeutet das für dich, wenn ich dir sage, du bist eine Null? Bist du enttäuscht? Zieht es dich runter? Fühlst du dich wertlos? Denn im Grunde genommen ist eine Null genau das. Sie ist wertlos. Eben eine Null. Und wer eine Null ist, der kann nix, der ist nix, der ist für nix zu gebrauchen. Und du, ja du, genau du bist eine Null.

Eine Null ist wertlos. Ist sie das wirklich? Schau mal die Zahl im Titel an. Sind die Nullen da wirklich alle wertlos? Nein, im Gegenteil! Jede dieser Nullen hat einen unglaublich hohen Wert. Sie hat einen Wert von neun Milliarden. Denn wäre eine Null nicht da, dann hätte diese Zahl neun Milliarden weniger Wert. Nun fragst du dich vielleicht: Welche Null hat am meisten Wert? Diejenige natürlich, die am nächsten bei der eins ist, oder? Keineswegs. Jede dieser Nullen hat genau den gleichen Wert. Denn egal welche Null du wegnimmst – der Schaden ist der gleiche. Und egal wo du sie einfügst – der Gewinn ist derselbe.

Wobei, ganz egal ist es nicht, wo du deine Null hinstellst. Denn was bitte schön nützt eine Null in der Zahl 0'001? Gar nichts. Sie ist eine wertlose Null, genauso wertlos, wie wenn sie ganz allein in der Gegend rumstehen würde.

Wie wirst du also eine wertvolle Null? Ganz einfach: Indem du dich hinter die Eins stellst. So wertlos du bist, wenn du dich allein beweisen willst, so wertvoll wirst du, wenn du dich der Eins unterordnest.

Für mich ist Gott diese Eins. Er ist derjenige, an dem wir uns ausrichten müssen. Willst du dich vor Gott einreihen und über ihm stehen? Kannst du. Aber dann hat dein Leben am Ende nicht den geringsten Wert. Du bist nichts weiter als eine Null, die allein im Regen steht. Oder aber du erkennst, dass du es selbst nicht auf die Reihe kriegst. Und du bist bereit, dich hinter Gott zu stellen, dich seinen Geboten unterzuordnen, und unter seiner schützenden Hand zu leben. Und plötzlich passiert etwas: Du hast einen Wert bekommen. Einen unendlich hohen. Und es ist ganz egal, ob du mega weit vorne sitzt im Christlichen Kuchen, oder ob du den scheinbar geringen letzten Platz belegst: Für Gott bist du genau gleich wichtig. Er braucht jeden für sein Reich. Er gebraucht Nullen, die ihre Wertlosigkeit erkennen und ihren Wert bei ihm finden.

Und weisst du was? Wenn alle Nullen auf der ganzen Welt entscheiden würden: «Scheiss auf die Eins, wir stellen uns nicht hinter sie, sondern davor!», dann würde es ungefähr so aussehen: 000…0001 und alle diese Milliarden von Nullen wären immer noch unendlich viel weniger wert als die Eins. Wir könnten uns alle gegen Gott verschwören und ihm absagen – es würde nichts daran ändern, dass er uns über ist. Vielleicht ist das auch die Antwort auf die Frage, warum Gott uns für sein Reich möchte… Auch als einsame Eins wäre er das mächtigste Wesen im Universum, aber zusammen mit ein paar Nullen bildet er kurzum eine Milliarde – und das macht einfach mehr Spass.

Du bist eine Null – mach was draus!

«DE CHRIGI ISCH AM CHOTZE!»

Worin bist du so richtig gut? Oder worin wärst du vielleicht gerne gut? Mir sagen Leute oft: Du kannst gut vor anderen Leuten reden, humorvoll eine gute Message rüberbringen. Und auch wenn ich heute tatsächlich Spass daran habe, mal einen Input zu machen oder einen Goodie zu schreiben, war das nicht immer so.

Ich kam für die sechste Klasse zurück in die Schweiz, nach vier Jahren Afrika. Plötzlich waren wir nicht mehr zu dritt, sondern zwanzig Schüler in der Klasse. Das war eine relativ heftige Umstellung. Und dann, Ende Schuljahr, sollten wir jeder allein vor der Klasse eine Präsentation halten. Ich hatte das zuvor noch nie gemacht, geschweige denn vor so vielen Leuten. Umso mehr bereitete ich mich akribisch vor, sammelte tonnenweise Material, übte den Vortrag in- und auswendig.

Und dann kam der grosse Tag. Bis vor der grossen Pause spürte ich eigentlich nichts von wegen Aufregung. Doch dann, etwa eine Viertelstunde vor der Präsentation brach es so richtig über mich herein. Mein Magen fühlte sich an, als hätte eine ganze Meute von Boxern ihre Wut an ihm ausgelassen. Mir war kalt und heiss zugleich, und vor allem: Ich war mir sicher, dass ich es versauen würde. Langer Rede kurzer Sinn – der Vortrag war die Hölle. Er war eigentlich gar nicht so schlecht, aber in mir drin war die Gewissheit, dass dieses Thema niemanden interessiert, dass ich es schlecht präsentiere, dass alles schiefläuft. Mitten im Vortrag sagte ich einfach mal laut «oh Mann, ich versaus». Rundherum dachten wahrscheinlich alle «Was läuft denn mit dem? So schlimm ist es doch gar nicht!» Aber in meinem Kopf lief absoluter Psychoterror. Als die Präsentationen durch waren, konnte ich nicht mehr. Ich wollte nur noch heulen. Also schnell zum verwirrten Klassenlehrer, mit stickiger Stimme fragen ob ich aufs WC darf und dann gerade noch rechtzeitig raus, bevor die Tränen ihren Lauf nahmen.

Draussen sass ein Mitschüler, der zuvor rausgeschickt worden war. Offensichtlich sah mein Gang zum WC nicht allzu majestätisch aus, also kam er mir hinterher und fragte, ob alles ok sei. Ich, in der WC-Kabine, schluchzte mit tränenerstickter Stimme «Ja». Nun gibt es da folgendes Problem: Wenn einer gleichzeitig heult und spricht, dann gibt das offensichtlich eine Mischung, die falsch interpretiert werden kann. Also hörte ich, wie der Mitschüler rausrennt und das ganze Schulzimmer alarmiert: «Ey de Chrigi isch am Chotze!» Ich hätte im Boden versinken können. Oder auch einfach in der WC-Schüssel. Die Blamage war jedenfalls perfekt.

Noch heute bekomme ich diese Geschichte hin und wieder zu hören, wenn ich jemanden aus der Primarschule treffe. Auch Leute, die gar nicht dabei waren, haben über fünf Ecken irgendwann mal davon erfahren, dass einer bei seiner Präsentation voll durchgedreht ist. Heute kann ich zum Glück darüber lachen. Besonders den zweiten Teil der Story finde ich einfach zum Schiessen. Aber ganz ehrlich: Hätte mir damals jemand gesagt, dass ich jemals freiwillig vor Leuten stehen würde, um ihnen von irgendwas zu erzählen – ich hätte ihm gehörig die Meinung gesagt. Daraus würde nichts werden.

Heute mach ich's trotzdem. Nicht jedes Mal, wenn ich irgendeinen Vortrag halte oder einen Input habe, läuft es super. Ich würde sagen, dass im Moment noch ein guter Drittel der Aktionen absolut in die Hose geht. Aber ich hab nun Freude daran, und höre auch immer wieder, dass Leute durch mich ermutigt werden oder Dinge besser verstehen. Und damit wäre mal wieder bewiesen: Was einmal schiefläuft, muss nicht immer schief laufen. Und was du jetzt absolut hasst, kann dir in ein paar Jahren ganz leichtfallen. Wichtig ist einfach, dass du es von Zeit zu

Zeit wieder probierst. Das war bei mir leicht, denn ich war ja quasi gezwungen, in der Schule in regelmässigen Abständen Vorträge zu halten. Vielleicht ist es bei dir ein anderes Problem, das sich nicht so leicht beheben lässt – aber möglich ist es auf jeden Fall.

Es ist ein bisschen wie bei Mose. Er war ein Stotterer, er hatte das eine Mal, als er den Weltverbesserer spielen wollte, vollkommen versagt. Aber als Gott sich seiner annahm, wurde aus ihm einer der bekanntesten Prediger und Richter der Bibelgeschichte. Gott ist stur. Wenn er ein Talent in uns sieht, dann bringt er es auch zum Glänzen – vorausgesetzt, wir lassen es zu.

RELIGIÖSER FUNDAMENTALIST

Wie würde es dir gehen, wenn dich jemand als «religiösen Fundamentalisten» bezeichnen würde? Würdest du rufen: «Ja, genau das bin ich, und ich bin noch viel zu brav mit euch!»? Oder würdest du zurückschrecken? Ich persönlich würde mich niemals so bezeichnen und werde immer etwas aus der Bahn geworfen, wenn sowas ins Gespräch kommt. Hab ich's zu weit getrieben? Sollte ich ein bisschen runterfahren?

Und so kannst du dir vorstellen, dass ich einigermassen irritiert war, als ich im Internet den Aufruf zu einer Demo fand, in dem stand: «Zeigen wir den Fundamentalis*innen, dass sie nicht erwünscht sind und ihre Ideen und politischen Haltungen noch viel weniger.» Und das zu einem Thema und einer Ansicht welche ich persönlich als völlig legitim erachte.

Es würde jetzt zu weit führen, die genaue politische Debatte weiter auszuführen, aber jedenfalls: Ich las diesen Text und merkte mal wieder, dass Glaubensfreiheit eben doch nichts Selbstverständliches ist. Auch in unserer freien, demokratischen Gesellschaft sind längst nicht alle Ansichten akzeptiert. Gerade auch Werte, welche du vielleicht als Christ gut findest, werden nicht zwingend von der ganzen Welt gefeiert. Und dann ist die Frage, wie man darauf reagiert. Es ist sicher wichtig, dass man sich mit Kritik auseinandersetzt. Denn manchmal liege sogar ich falsch – ja, ich glaubs selber kaum, aber es soll tatsächlich schon vorgekommen sein! Doch gleichzeitig sollte man auch nicht einfach immer einknicken, ja und Amen sagen. Christ sein bedeutet schlicht und einfach, gewisse Dinge anders zu sehen als die grosse Mehrheit. Und das muss man auch aushalten können. Wenn man immer nachgibt und abnickt, hat man am Ende einen Glauben ohne Inhalt.

Aber was soll ich dann tun? Zurückbrüllen? Stundenlange Streitgespräche führen? Nö. Einfach beten. Beten, dass Gott dir selbst aufzeigt, was wirklich sein Wille ist, was wirklich seine Werte sind. Und dass er dir – und vielen anderen Christen – den Mut gibt, für ihren Glauben und Gottes Ideale einzustehen. Beten, dass auch dein Gegenüber ihn kennenlernt und erkennt was gut für die Menschen ist. Beten für Frieden auf dieser Welt.

Die Schweiz ist ein Land mit unglaublichen Freiheiten. Auch für Christen. Wir sollten Gott jeden Tag auf Knien danken für den Frieden und die Rechte, die wir in diesem Land geniessen. Aber weil wir für unseren Glauben nicht ins Gefängnis geworfen oder offen diskriminiert werden, vergessen wir manchmal, dass Glaubensfreiheit auch bei uns nichts ist, das von alleine so kommt. Wir müssen immer wieder dafür kämpfen. Und wir müssen es nicht in erster Linie auf der Strasse tun oder durch Goodies oder whatever. Christen kämpfen nicht mit Waffen, und sie müssen auch nicht andere Leute verurteilen. Sie sollen einfach beten. Beten, beten, beten. Für Friede auf dieser Welt, dass die Menschen Gott erkennen. Und egal welche Meinung du für richtig hältst: Bete dafür, dass am Ende Gottes Wille geschieht.

«Denn wir kämpfen nicht gegen Menschen, sondern gegen Mächte und Gewalten des Bösen, die über diese gottlose Welt herrschen und im Unsichtbaren ihr unheilvolles Wesen treiben.»

Epheser 6,12

«Hört niemals auf zu beten.»

1. Thessalonicher 5,17

NO EIN TAG ZUM LÄBE

«Wänn ich wüsst dass Gott uf mich warted mit offene Arme und er schänkt mir no dä letscht Tag us Gnad uf Verbarme...»

So beginnt das Gedankenexperiment von Bligg im Lied «1 Tag». Die Voraussetzung ist recht simpel: Stell dir vor, du hast noch genau einen Tag zu leben – was würdest du daraus machen? Überlegs dir mal.

Ich würde versuchen, noch möglichst viel von der Welt zu sehen. Orte, die ich unbedingt mal noch bereisen wollte. Ich würde mein Konto nullen und all die Aktivitäten ausprobieren, die ich immer schon erleben wollte. Natürlich würde ich auch nochmals Zeit mit meinen besten Freunden verbringen, mit der Familie und ihnen sagen, dass ich sie liebe. Und man darf ja nicht vergessen: Während dieser 24h bin ich unsterblich. Also könnte man auch noch etwas mehr Risiko eingehen bei seinen Aktionen. Und dann, am Ende, würde ich Gott die Sache übergeben und mich ausklinken. Irgendwie so.

Bligg hat sich das Ganze noch etwas wilder ausgemalt, da sind Sachen dabei wie «imne Ichaufswägeli de Züriberg derab» oder «nackt Fallschirmspringe». Er würde sich ein Familienfoto tätowieren lassen, dem Chef mal gründlich die Meinung sagen und sämtliche Drogen ausprobieren.

Ich muss sagen, als Teenie ist die Vorstellung morgen tot zu sein nicht gerade attraktiv, und bestimmt nicht allgegenwärtig. Und trotzdem lohnt es sich, mal zu überlegen, was dir im Leben wirklich wichtig ist. Was du unbedingt noch(mals) machen würdest, wenn du nur noch 24 Stunden zu leben hättest.

Erstaunlicherweise steht in Johannes 13 eine Geschichte, welche unter sehr ähnlichen Voraussetzungen spielt: «Jesus wusste, dass nun die Zeit gekommen war, diese Welt zu verlassen und zum Vater zurückzukehren.» Es war noch vor der Kreuzigung, aber Jesus wusste, dass ihm nur noch etwa 24 Stunden blieben. Ziemlich genau wie Bligg es besingt. Und was macht Jesus? «Er hatte die Menschen geliebt, die zu ihm gehörten, und er hörte nicht auf, sie zu lieben» und dann kommt die Geschichte, wie er Petrus die Füsse wäscht.

Als Jesus kurz vor seinem Lebensende war, tat er weiterhin das, was er bisher immer gemacht hatte – er liebte die Menschen und tat ihnen Gutes. Er war nicht egoistisch oder sagte «Bevor ich morgen ausgepeitscht werde, geh ich heute nochmals ins Thermalbad, um es mir noch einmal so richtig gutgehen zu lassen!» Nein, er verwendete seine letzten Stunden, um so viel zu dienen und zu lehren, wie es ihm nur möglich war.

Was für ein Mensch! Was für eine Menschenliebe! Wann zeigt sich das wahre Gesicht eines Menschen mehr, als wenn ihm die Zeit davonläuft? Genau in dieser Zeit bleibt Jesus dieser liebende, dienende Mensch, der er immer war.

Jesus war auf der Welt, nicht nur um für uns zu sterben und uns zu erlösen, sondern auch um uns zu zeigen, wie Gott sich wünscht, dass wir leben. So selbstlos, so dienend sollen auch wir Christen leben. Das ist nicht einfach! Ich schaff es vielleicht, ein oder zwei Personen so sehr zu lieben, dass ich ihre Bedürfnisse über meine stelle – und das sind Personen, die nett zu mir sind. Jesus hingegen liebt alle Menschen und er wünscht sich von uns, dass auch wir jeden Menschen so lieben. Die netten wie auch die nervigen. Die, welche uns in der Not geholfen haben, aber auch diejenigen, welche unser Leben so richtig zur Hölle gemacht, uns ausgegrenzt und verletzt haben.

Du meinst, du schaffst das nicht? Kein Drama, es geht 99% der Menschen auf der Welt genau gleich. Aber es gibt einen Trick, wie du Jesus und seiner Art ähnlicher werden kannst: Wenn du mit ihm Zeit verbringst, sei es beim Beten, beim Bibel lesen, wo auch immer – dann wird das auf dich abfärben. Was du in dich hineinlässt, kommt irgendwann auch wieder raus. Wenn du Sachen liest, schaust und hörst wo's immer nur ums «ich, ich, ich» geht, wird es dir früher oder später nur noch um dich gehen. Wenn du dich aber mit der göttlichen Message vollpumpst, dann wirst du auch nach und nach lernen, sie zu leben. Ganz von alleine.

KEIN SPRIT IM TANK

Ich war zufrieden, das kannst du mir glauben. Nach einer verpatzten Qualifikationsrunde hatte ich im virtuellen Autorennen alles richtig gemacht, beim ausklingenden Regen rechtzeitig auf Trockenreifen gewechselt und alle Konkurrenten überholt. Nun war ich auf der letzten Runde, gute zehn Sekunden Vorsprung auf Platz 2 und mir war klar: Hier wird nichts mehr schief gehen, gleich steh ich ganz oben auf dem Podest.

Noch wenige Kurven. Da wurde ich plötzlich langsamer. Was ist los? Ein hektischer Blick auf die Anzeige unten rechts beim Bildschirm, «Low Fuel Mode» blinkte es da rot. Das darf nicht wahr sein! Mir ist tatsächlich knappe fünf Kurven vor dem Ziel der Sprit ausgegangen. Quasi auf der Ziellinie wurde ich auf Platz vier zurückgereicht. Ich sag dir, dieser Moment hat mich seither verfolgt. Es war das letzte Mal, dass ich dem Benzinstand keine Beachtung schenkte, im Gegenteil, seither plane ich immer vorig Reserve ein.

Etwas Trost finde ich in der Tatsache, dass auch echte Motorsportprofis durchaus eine solche Blamage erleiden können. Motorradfahrer Dominique Aegerter war am 19. Mai 2019 eigentlich auf dem Weg zu einem guten Resultat. Er tauchte aber am Ziel einfach nicht auf. Verwirrung herrschte, bis die Fernsehbil-der aufklärten: Dem armen Mann war tatsächlich auf der letzten Runde das Benzin ausgegangen. Frustriert prügelte er auf seinen Töff ein, doch das brachte diesen auch nicht mehr vorwärts.

Was für eine Blamage für das Team. Alle waren sich einig: Sowas darf einfach nicht passieren. Nicht in einer der Topklassen des Sports, nicht bei einem Topteam, nicht wenn es um so viel geht. Ich weiss nicht, was der Fehler war… Ob der Töff mehr Benzin gebraucht hat als geplant… ob irgendein Praktikant nur die Hälfte eingefüllt hat… Aber es war ein unverzeihlicher Fehler.

Als ich neulich darüber nachdachte erinnerte mich die Geschichte an das Gleichnis aus Matthäus 25. Dort geht es um zehn Frauen, die auf einer Hochzeit eingeladen sind. Alles was sie dabeihaben müssen: Brennende Öllampen, um den Bräutigam zu begrüssen. Fünf denken voraus und haben Vorrat dabei. Die fünf anderen nicht. Es kommt, wie es kommen muss: Der Bräutigam verspätet sich, das Öl neigt sich dem Ende zu. Fünf Frauen haben Reserven und sind parat als er endlich kommt. Fünf waren nicht vorbereitet und verpassten die Hochzeit. Sie müssen sich scheusslich geärgert haben – das Kuchenbuffet war sicher vorzüglich!

Die Moral ist eigentlich bei beiden Geschichten die gleiche: Schau zu, dass du genug Brennstoff hast. Wenn möglich auch ein Bisschen Reserve. Jesus warnt die Jünger davor: Passt auf, dass euer Glaube kein Strohfeuer wird, das einmal kurz gross auflodert und dann gleich wieder weg ist. Ich werde nicht nach einer Woche im Himmel wieder zurück sein. Euer Glaube muss auch dann standhalten, wenn mal eine schwierige Zeit für euch kommt.

Es ist auch heute noch so. Es wäre schön, wenn wir unser Leben an einem schönen, heiligen Abend mit cooler Worshipmusik und einem mitreissenden Prediger Gott übergeben und dann gleich in den Himmel umziehen könnten. Meistens aber geht das Leben danach noch weiter. Und dann zeigt sich, ob es einfach ein christlicher Abend war, bei dem man einfach mitgewatschelt ist, weils alle anderen gemacht haben – oder ob der Glaube etwas ist, was wirklich hält. Manche Menschen bekehren sich, weil sie denken, alles wird dann besser. Und dann wachen sie am nächsten Morgen auf, die Alltagsprobleme sind immer noch da und sie sagen: «Det nützt ja nischt!» Und lassen es wieder bleiben.

Schau, dass dein Glaube auf festen Beinen steht, sodass er sich nicht durch kleine Schwierigkeiten aus dem Tritt bringen lässt.

Stellt sich die Frage: Wie bringe ich eine Beziehung zu Gott auf die Reihe, die mehr als ein One-Night-Stand wird? Die Antwort ist die gleiche wie in jeder irdischen Beziehung, egal ob mit einem Partner oder einfach einem guten Freund – du musst sie pflegen. Beziehung musst du pflegen, du musst an ihr arbeiten. Lies in der Bibel, bete, finde heraus, was Gott über dein Leben sagt! Pflege Beziehung mit anderen Christen, tauscht eure Fragen, Sorgen, Probleme, aber auch Ermutigung und Freude aus. Betet darüber. Und du wirst merken: Es wird nicht immer voll die Party sein, aber Gott füllt dir den Tank immer wieder auf!

Es ist echt ein dummes Gefühl, wenn dir auf der letzten Runde das Benzin ausgeht! Geh immer wieder zu Gott auftanken, damit du bis zum Schluss dranbleibst und ans Ziel kommst.

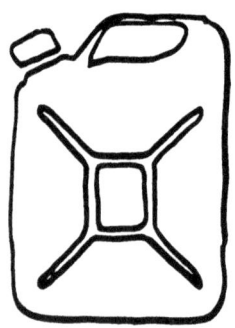

TIM – TEIL 1

«Der Typ war 'n Opfer. Der war nie mit dabei.
Er war so dünn und klein. Der war doch immer nur allein.
Die YouTube-Filmchen waren Kult. Er war doch selber schuld.
Der Typ war schwul. Der war irgendwie so weich.
Der war doch bekloppt. Ein bisschen hab'n wir ihn gemobbt.»

Jedes Mal, wenn ich das Lied «Tim» von den «Wise Guys» höre, bricht es mir das Herz. Es zieht mir den Magen zusammen, und verdirbt mir den Appetit. Weil ich Tim kenne. Weil jeder von uns Tim kennt. Und weil dieses Lied auf der einen Seite so treffend die Einsamkeit von diesem Jungen beschreibt, und andererseits auch die Motive und Gedanken seiner Gegenüber ungemütlich gut aufzeichnet.

Mobbing hat jeder schon mal erlebt, da bin ich mir fast sicher. Auf welcher Seite auch immer – auf der Seite des Opfers, auf der Seite der Täter, oder auf der Seite der Mehrheit, die geschwiegen hat.

Bei mir persönlich gibt es zwei Tim-Geschichten, welche mich sicher geprägt haben, und die mich immer wieder beschäftigen. Den ersten Tim traf ich in der sechsten Klasse, als ich zurück in die Schweiz kam. Ich kam in eine Klasse, die seit zwei Jahren zusammen war. Und so fielen mir gewisse Strukturen sofort auf, die sonst den meisten entgangen sind. Tim war das Opfer. Er war nie mit dabei. Er wurde gehänselt, ausgegrenzt. Meine Güte haben mich diese Grobiane aufgeregt! Ich hab versucht, Zeit mit ihm zu verbringen, einen Unterschied zu machen. Und irgendwann berichtete ich das Ganze dem Lehrer, der ein ernstes Wort mit der Klasse redete. Einem der Krassen Typen wurde danach von den Eltern die Geburtstagsparty gestrichen – was in der 6. Klasse auch einem krassen Typen auf die Moral schlägt. Die Klasse war gar nicht glücklich über meine Aktion. Und immer wieder bekam ich zu hören: «Der Tim war selber schuld! Du weisst ja nicht, was er uns angetan hat!» Als ob es irgendwas gäbe, was Mobbing rechtfertigen könnte.

Die Primarschule war zu Ende, der Tim kam in ein anderes Schulhaus und wir sahen uns kaum noch. Eine neue Klasse formierte sich, wir wurden alle neu zusammengewürfelt. Und es entstanden über die Monate Strukturen, die einen Neuankömmling wohl sehr irritiert hätten, aber wir sind alle reingewachsen. Der neue Tim war zuvor eigentlich gar nicht unbeliebt. Aber irgendetwas passierte Anfangs der Sek, und in einer immer mehr abwärts drehenden Spirale wurde er zum Klassen- bzw. Schulhausopfer. Niemand wollte mit ihm in der Pause abhängen. Man machte dumme Sprüche über ihn. Man gab ihm zu verstehen, dass er nicht willkommen war.

Und diesmal war ich nicht der glorreiche Retter, der Mach-än-Unterschied-Superchrist, der Vorzeigemensch, der im Goodie Lorbeeren einstecken kann. Ich mobbte ihn nicht aktiv, aber ich tat auch nichts dagegen. Ich und meine Freunde waren zwar immer noch am nettesten zu ihm – und so hing er eben immer bei uns rum. Problem: Das wollten wir eigentlich nicht, wir mochten ihn nämlich auch nicht besonders. Und so gaben wir ihm das eine oder andere Mal zu verstehen, er soll uns jetzt einfach in Ruhe lassen!

Manchmal denke ich darüber nach, was dieser Tim wohl sagen würde, wenn er meine Goodies lesen könnte, wo ich von Nächstenliebe und Gnade und all dem Zeugs schreibe – könnte er mich ernst nehmen? Würde er Christen und Gott ernst nehmen? Was bin ich für ein Zeuge Gottes auf Erden, wenn ich mich so übel gegenüber denen verhalte, die schon so ausgestossen sind, und nichts weiter brauchen als einen, der ihnen zeigt, dass sie mehr als nur toleriert, sondern geliebt sind? Es tut weh, darüber nachzudenken.

Wahrscheinlich kennst du einen Tim. In deiner Klasse, an der Schule, in der Bude, vielleicht sogar in deiner Kirche. Und natürlich: Mit diesen Leuten unterwegs zu sein, ist nicht immer einfach. Weil sie sich gerne an dich klammern, wenn du der Einzige bist, der ihnen Wertschätzung entgegenbringt. Und oft sind diese Tims durch die Tatsache, dass sie ausgegrenzt und abgewertet wurden, auch nicht die unkompliziertesten Zeitgenossen. Das kann sehr zeitintensiv sein. Und trotzdem, oder eben genau darum ist es wichtig, dass wir Christen einen Unterschied machen, dass wir uns anders verhalten!

Die grosse Mehrheit der Leute sind die Stillen, die nichts Böses im Sinn haben, aber auch nichts gegen das Böse unternehmen. Das waren auch ein Grossteil der Deutschen in den 1930er Jahren, als Judenmobbing populär wurde. Nichts gegen Unrecht unternehmen legitimiert am Ende das Unrecht. Wenn du Mobbing in deinem Umfeld nicht bekämpfst, dann duldest du es. In der 6. Klasse habe ich das Mobbing bekämpft. Und ich bin stolz darauf, auch wenn ich gewiss nicht alles richtig gemacht habe. In der Sek habe ich es geduldet und damit meinen Teil zur Ausgrenzung beigetragen. Und ich schäme mich dafür.

Es gibt diesen Spruch: Du musst dich nicht in Brand setzen, um andere warmzuhalten. Dieser Grundsatz gilt auch hier. Was du aber tun kannst ist: Verbring Zeit mit deinem Tim – vielleicht einfach in der Pause in der Schule. Sei der Lichtblick in seiner Woche, zeig ihm, dass er nicht allein ist, dass da ein Gott (und eben auch ein Mensch) ist der ihn liebt. Interessiere dich für ihn, zeig ehrliches Interesse an ihm. Wichtig: Sowas kann man kaum aus eigener Kraft durchhalten. Es geht aber, wenn du immer wieder bei Gott das Schwierige abladen, und neue Geduld, Energie und Kraft abholen kannst.

Und nun noch kurz zu den Leuten, die an einem solchen Mob beteiligt sind: Es ist nicht lustig! Wirklich nicht! Manchmal ist man sich gar nicht bewusst, was man da anrichtet, wenn man bei so einer Sache mitmacht. Man denkt: «Der andere lacht sicher auch darüber!» oder «Es ist doch nur Spass.» oder «Der hats ja auch verdient!». Aber wenn man darüber nachdenkt: Was ist so stark daran, wenn eine Horde von zwanzig Jungs sich über einen einzigen lustig macht, ihn herumschubst oder sogar verprügelt? Oder wenn eine Gruppe Mädchen ein anderes fertigmacht? Oft ohne wirklichen Grund, einfach weil sie es «lustig» finden. Eben – die meisten Beteiligten sagen am Ende: «Es war doch nur Spass – so wars doch nicht gemeint»

Aber das, womit wir uns amüsieren, ist ein Menschenleben! Und wir machen dieses Menschenleben kaputt! Wir sind fast Mörder, selbst wenn sich diese Person am Ende nicht das Leben nimmt. Denn wir nehmen dieser Person die Lebensfreude, den Glauben an sich selbst, den Glauben an das Gute in den Menschen! Wir müssen uns immer wieder hinterfragen, gerade in grossen Gruppen mit ihren starken Dynamiken: Wie würde es mir gehen, wenn andere mich so behandeln würden? Wäre das lustig, oder würde es mich verletzen?

Und denk immer daran: Die Leute an deiner Schule oder bei der Arbeit, wissen wer du bist. Die wissen, dass du in den Godi gehst, die sehen dein «Love Your Neighbour» Shirt und dein 4-Punkte-Bändeli. Und die sehen, wie du dich verhältst. Und was sie sehen, beeinflusst ihre Sicht aufs Christentum gewaltig. Ein Grund, warum heute viele Leute uns Christen nicht mehr ernst nehmen ist, dass sie hingeschaut und gemerkt haben: Die reden zwar so fromm, aber wenns hart auf hart kommt, sind sie genau gleich schlimm wie alle anderen. Wenn du dich Christ nennst, dann repräsentierst du auch das Christentum. Das muss auch ich mir immer wieder hinter die Ohren schreiben, vor allem wenn ich mal wieder über einen Schüler, Lehrer usw. lästere.

TIM – TEIL 2

«Tim ist nicht mehr da. Er hat sich umgebracht.
Was habt ihr bloß mit ihm gemacht? Was habt ihr euch dabei gedacht?
Die Welt ist grau, der Wind ist kalt.
Tim war noch nicht mal siebzehn Jahre alt.

Er hatte keine Kraft mehr, wollte morgens nicht mehr aufstehn.
Er hatte Angst, wollte nicht mehr zur Schule gehn.
Mitten im Winter fuhr er nachts zum Rhein.
Auch in den letzten Minuten war Tim völlig allein.

Tim ist nicht mehr da...»

Nicht immer führt Mobbing zu Selbstmord. Die beiden Tim's aus meinem Leben (siehe letzter Goodie) sind nicht so tief ins Loch gefallen – zum Glück! Und trotzdem wurde dieses Lied von einer wahren Begebenheit inspiriert. Und immer wieder hören wir auch in der Region Geschichten von Jugendlichen, die nur noch den Tod als Ausweg sahen.

Vor ein paar Jahren war es ein 13-jähriger Junge, wenn ich mich recht erinnere, der vor einen Zug sprang – dreizehn! Das ist nicht mal ein richtiger Teenie, das ist noch ein Kind (sorry an alle 13-Jährigen, die jetzt beleidigt sind – in fünf Jahren werdet ihr genauso denken). Was ich damit sagen will – diese Person hatte noch fast ihr ganzes Leben vor sich – das ganze Leben!

Vielleicht hattest du schon Phasen in deinem Leben, in denen du keinen Ausweg mehr gesehen hast. Du bist möglicherweise gerade jetzt an diesem Punkt, wo du im Leben keinen Sinn mehr siehst, und darüber nachdenkst, ob es das überhaupt noch Wert ist. Vielleicht wirst du gemobbt und ausgegrenzt wie Tim. Vielleicht fühlst du dich auch einfach überfordert vom Leben selbst, niemand hat dich aktiv ausgegrenzt, und trotzdem fühlst du dich wie der einzige Mensch auf der Welt. Nachdem der letzte Goodie vor allem an die Täter und die sogenannten Unbeteiligten gerichtet war, soll dieser Goodie dir gewidmet sein!

Ich glaube niemand, der es nicht selbst erlebt hat, kann sich darin hineinversetzen, wie absolut mies es einem geht, wie verlassen man sich fühlen muss, um sich selbst umbringen zu wollen. Ich gehöre zu den Menschen, die − Gott sei Dank − nie durch dieses dunkle Tal durchmussten − und so kann auch ich nur erahnen, wie es einer Person in dieser Situation geht und wie sie sich fühlt.

Doch auch wenn ich alles andere als ein Profi auf diesem Gebiet und auch kein studierter Sozi bin, möchte ich dir sagen: «Es ist es nicht wert!» Und damit du nicht einem Goodie-Schreiber glauben musst, der keine Ahnung von der Situation hat, möchte ich hier eine Person zu Wort kommen lassen, welche extreme Tiefs durchlebt hat.

Diese Person ist eine Bekannte von mir, und auch sie werden wir der Einfachheit halber Tim nennen. Tim schreibt: «*Als ich in die Sek kam, fand ich keinen Anschluss in der Klasse. Das Loch, welches in mir entstand, versuchte ich durch gute Noten und auf Social Media zu füllen. Aber gegen Ende der ersten Sek gab ich unter dem starken Leistungsdruck, den meine Eltern − und auch ich selbst − mir auferlegten nach. Mehr und mehr steigerte ich mich in eine Depression hinein. Ich hielt es nicht mehr aus, dass ich so oft allein war, und dass sich niemand ernsthaft für mich zu interessieren schien. Ich spielte immer wieder mit dem Gedanken abzuhauen oder fragte mich wie es wäre, wenn ich einfach nicht mehr da sein würde.*

Die Schule und die baldige Suche nach einer Lehrstelle erdrückten mich zusätzlich. Kaum ein Tag verging, an dem ich nicht weinte und mir Gedanken darüber machte, ob es sich noch lohnt zu leben. Ich fühlte mich ungewollt und spielte immer öfters mit dem Gedanken, Selbstmord zu begehen. Gegen aussen gab ich weiterhin nichts Preis, aber ich fühlte mich immer mehr alleine. Irgendwann war es dann so schlimm, dass ich bereits einen Abschiedsbrief schrieb. Um meinem Leben oder Gott oder wem auch immer noch eine letzte Chance zu geben, setzte ich mir eine Frist, in der ich schauen wollte, ob sich vielleicht doch noch alles ändern würde. Sollte dies nicht der Fall sein legte ich bereits ein Datum fest, um Selbstmord zu begehen. Genau in dieser Zeit erlebte ich aber mehrere gute Tage, weshalb ich mich entschied, noch etwas zu warten.

Gut einen Monat später veränderte sich dann alles. Zum ersten Mal spürte ich diesen Gott, von dem ich mein ganzes Leben lang immer wieder gehört hatte, und der für mich trotzdem nicht erlebbar war. Seine Liebe kam in mein Leben und durchströmte mich. Innerhalb von 1-3 Tagen verschwand die Depression komplett und ich tankte neue Kraft bei Gott. Ich entschied mich, ein neues Leben mit Jesus anzufangen – ich konnte gar nicht anders.»

Long Story short – Tim hat einen unglaublichen Weg mit Gott gemacht, heute ist diese Person eine meiner absoluten Glaubenshelden. Und als Tim mir diese Geschichte erzählte, dachte ich nur: Was hättest du doch alles verpasst, wenn du damals Schluss gemacht hättest? All die Wunder, die du mit Gott erlebst – all die lustigen Momente mit deinen neuen Freunden – all die Leute, die du nun ermutigen kannst... All das wäre nie passiert – was wäre das für ein grausamer Verlust für dich selbst und für die ganze Welt geworden? Mir graust vor dieser Vorstellung!

Und ich denke an diesen 13-jährigen Jungen, der sich vor einen Zug warf und sein Leben beendete. Und ich möchte ihn gerne packen und anschreien: «Was tust du da? Weisst du nicht, was noch alles passieren kann in den nächsten Jahren??? Du wirfst dein ganzes Leben weg, ein Leben, was noch so viel Freude, Licht und Glaube hätte beinhalten können!»

Wenn du gerade durch so ein düsteres Tal gehst und keinen Ausweg mehr siehst, wenn dein Leben scheinbar für immer im Dunkeln versinkt, dann bitte, bitte, gib diesen dunklen Stimmen keinen Raum! Egal wie schwarz es gerade in deinem Leben aussieht – es ist nie zu dunkel, als dass Gott nicht wieder Licht hineinbringen könnte! Warum er es nicht schon jetzt tut? Ich weiss es nicht. Warum er dir keinen Freund zur Seite stellt, der ehrlich fragt, wie es dir geht? Ich weiss es nicht. Warum ich nicht dieser Freund für dich bin, der mal ehrlich fragt, wie es dir geht? Ich hab keine Ahnung! Aber ich weiss, es ist es nicht wert, alles hinzuschmeissen, «nur» weils im Moment gerade saumässig schlecht läuft! Ich bin überzeugt, Gott hat einen Plan mit dir! Und wenn du mir nicht glaubst, dann glaub diesem Tim, der selber kein Licht mehr sah, der mit dem Leben schon abgeschlossen hatte – und der durch Gott neue Kraft bekam und so viele wunderschöne Dinge erleben durfte!

Tim schreibt am Schluss: «*In meiner Vergangenheit war ich immer auf der Suche nach Liebe und Anerkennung. Ich wollte angenommen und geliebt sein. Ich suchte meine Identität im Erfolg, und wollte mir so die Aufmerksamkeit verdienen. Doch heute ist meine Identität in Gott.*

Heute weiss ich, warum ich auf dieser Welt bin: Gott will mich brauchen!»

Gib nicht auf – auch wenn er im Moment Milliarden Lichtjahre entfernt scheint – Gott ist ganz, ganz nah! Und er liebt dich, wie er jeden Tim auf der Welt liebt!

RATSCH

Am Freitagabend hiess es aufräumen in der Kindertagesstätte. Wie immer war dabei viel Bücken und Knien involviert. Wischen, feucht aufnehmen, Spiele einräumen und vieles mehr war voll im Gang, als ich irgendwie ein komisches Gefühl bekam. Da stimmte irgendetwas nicht. Meine Hose fühlte sich so anders an als normal. Ich griff mir an den Hintern – nein, so sollte sich eine Hose nicht anfühlen. Da fühlte ich einen ziemlich grossen Riss, der vom Modedesigner definitiv nicht vorgesehen war.

Es gibt weniger peinliche Arten, die Woche zu beenden, aber immerhin hatte niemand die neuen Freiheiten meiner Unterhose gesehen (wenigstens die hielt noch zu mir). Und Glück im Unglück: Irgendwo waren noch alte Kleider verstaut und eine Hose (vom Schnitt her definitiv aus einer anderen Modegeneration aber egal), passte mir sogar, wenn auch nur knapp. Weder Riese noch Muskelpaket zu sein ist ab und zu auch ein Vorteil.

Wenn einem der Hintern plötzlich durchlüftet wird, dann ist das ein sehr unangenehmes Gefühl. Das sollte einfach nicht so sein. Da wurde etwas, was in unserer Kultur eigentlich bedeckt gehört, plötzlich ans Licht der Öffentlichkeit befördert.

Und auch wenn es ein etwas komischer Vergleich ist, will ich ihn wagen: Ungefähr so muss es gewesen sein, als an Karfreitag der grosse Vorhang im Tempel vor dem Allerheiligsten zerriss. Auch wenn das Allerheiligste so ziemlich das Gegenteil vom Allerwertesten ist (trotz Wortähnlichkeit), denn dort war nicht das Darmende, sondern Gottes Heiligkeit verborgen. Oder etwas unschön formuliert, die Fäkalien waren in diesem Fall am anderen Ende des Vorhangs. Im Allerheiligsten, hinter diesem Vorhang, war Gottes Gegenwart in ihrer ganzen Fülle. Und dort war es so heilig, so rein, so göttlich, dass kein sündiger (also normaler) Mensch dort hineindurfte. Nur der höchste Priester der Juden durfte einmal im Jahr nach gefühlt ewigen Waschritualen hineingehen. Es war derjenige Bereich, der unter allen Umständen geschlossen bleiben musste, denn wer auch immer als Sünder in die Gegenwart Gottes kommt, der stirbt sogleich – weil er so viel Heiligkeit schlicht nicht ertragen kann. Es ist gleich, wie wenn du als Mensch in die Sonne springst – so viel Hitze kannst du nicht ertragen, da ist einfach Schluss.

Was müssen die Leute gedacht haben, als im Stile eines Hosenbodens kurz nach Jesu Kreuzigung dieser riesige Vorhang plötzlich zerriss!? Es kam wohl einer Katastrophe gleich. Wie verschliessen wir denn nun dieses heiligste aller Heiligtümer? Wie können wir Gottes Heiligkeit verbergen, welche doch die Menschen gar nicht anschauen dürfen?

Doch Gott wollte gar nicht mehr im Verborgenen bleiben. Jesus ist gestorben und hat für alle Sünden der Menschen bezahlt. Der Weg zu Gott und zu seiner Heiligkeit ist frei, sie muss nicht mehr versteckt werden. Wir müssen nicht mehr komplizierte Hygienevorschriften erfüllen, um einmal im Jahr den «Heiligsten» von uns hinter den Vorhang zu schicken – die Gegenwart Gottes steht jedem offen, der erkennt und glaubt, dass er in Jesus bereits von allen Sünden befreit ist! Du musst nicht mehr Opfer und gute Taten vollbringen, um für Gott heilig genug zu sein. Jesus hat für all den Mist in deinem Leben bezahlt, du kannst einfach kommen.

Gottes Heiligkeit muss nicht mehr versteckt werden. Meine Unterhose jedoch schon, deshalb hab ich mir auch gleich am Samstagmorgen in aller Frühe eine neue Hose gekauft.

LUFTIGES GEBET

Wenn du an Beton denkst, was kommt dir in den Sinn?

Stabil/instabil? Starr/biegbar/elastisch?

Wenn du an Wind denkst, was kommt dir in den Sinn?

Kräftig/fein? Stark/schwach?

Kann reiner Wind reinem Beton etwas anhaben?
Eigentlich schwer vorzustellen. Umso mehr be-
eindrucken die Bilder, welche am 7. November
1940 an der Tacoma-Brücke nahe Seattle, USA
aufgenommen wurden. Man muss das Video wirklich gesehen
haben, um sich vorstellen zu können, was da los war. Eine Brücke aus massivem Beton schwingt hin und her, hoch und runter,
biegsam wie ein Gummi oder ein Blatt Papier. Und das nicht nur
ein paar Zentimeter, sondern mehrere Meter. Nach einer Weile
passiert, was man bei solchen Bewegungen erwarten muss – sie
bricht auseinander und stürzt ein.

Was war der Grund für die «tanzende Brücke»? Wind. Nichts
weiter. Einfach nur ein bisschen Luft in Bewegung. Und zwar
nicht etwa ein Hurrikan mit 300 km/h, sondern ein ganz normaler Wind mit etwas über 60 km/h. Eigentlich kaum zu glauben.
Aber das Video ist kein Fake. Eine scheinbar stabile Betonbrücke
kann zur luftigen Teigmasse werden, wenn ein bisschen Wind
im rechten Winkel darauf trifft. Klar, es lag auch an der etwas
ungünstigen Konstruktion der Brücke, besonders im aerodyna-
mischen Bereich. Keine Angst, die Bahnunterführung in Amriswil ist nicht einsturzgefährdet. Und trotzdem sprengt es mein
Vorstellungsvermögen, was so ein kleiner, stetiger Luftzug an-
richten kann.

Manchmal wirkt es so, als wäre Gebet nichts als Wind. Ein paar
Worte, die sich in der Luft verlieren. Worte, die manchmal eher

an eine Wand, statt an Gottes Ohr zu kommen scheinen. Wir sehen all das Leid auf der Welt, wir sehen Bedrohungen, Angst und Schrecken. Und wir würden gerne die Welt retten, zu den Waffen greifen, uns gegenseitig Tipps und Ratschläge erteilen – und die Bibel sagt uns: Betet einfach. Wie bitte? Ich meine, ok, ist ja nett all die Geschichten in der Bibel mit den Gebeten, die funktionieren. Aber wirklich? Wir könnten eine Brücke aus Beton mit einem Bagger, einem Panzer, mit viel Sprengstoff oder meinetwegen mit Hammer und Meissel einreissen. Aber was bitte schön soll ein schwacher Wind ausrichten?!

Gebete scheinen so unscheinbar, so klein, so macht- und wertlos. Man setzt sie nur ein, wenn alle anderen Stricke reissen. So nach dem Motto: Wenn uns das Geld für den Bagger fehlt und der Meissel stumpf geschlagen ist, dann pusten wir halt noch ein wenig gegen die Brücke, in der Hoffnung, dass sie einstürzt. Welch ein Irrtum!

Gebet ist mächtiger als wir denken. Es scheint so klein, aber das ist es nicht. Gebet kann Kranke heilen. Ja, auch 2019 noch. Gebet kann Hunger stillen. Gebet kann Kriege beenden. Gebet kann Feinde versöhnen. Gebet kann die Welt verändern.

Wie oft sitze ich an Diskussionsabenden, oder in der Kleingruppe, und wir alle (ich inklusive) diskutieren über Gott, stellen Fragen über Gott, tauschen unsere Meinungen über ihn aus, reden über Politik, wie es bachab geht mit der Welt – aber keinem von uns kommts in den Sinn, einfach mal Gott zu fragen. Oder einfach mal Gott zu bitten. Als wäre es die absurdeste Idee. Dann diskutiert man einen Abend lang über Gott, aber man hat ihn nicht einmal kurz am Anfang um Weisheit und Erkenntnis gebeten. Welch eine Verschwendung!

Wind kann nicht nur Bäume entwurzeln und Häuser abdecken –
Wind kann Betonbrücken zerreissen. Er muss nicht mal besonders stark sein. Er muss einfach da sein. Luft in Bewegung.

Gebet muss nicht mega geschwollen daherkommen oder Stunden dauern. Ein kurzes, ehrliches Gebet reicht schon, um Berge
zu versetzen und Unmögliches möglich zu machen.

Drum fang doch gleich an. Und bete einfach kurz für das, was dir
im Moment gerade am meisten Sorge bereitet.

THEORETISCHE ROMANZE

So saßen sie am Meer in dieser warmen Sommernacht.
Sie griff nach seiner Hand und seufzte leise:
«Wie wundervoll die Sterne funkeln – es ist eine Pracht!»
und sie schmiegte sich an ihn auf sanfte Weise.
Er sah sie an und sagte nur: «Die Sterne funkeln nicht.
Das wäre ja verrückt, wenn das so wäre!
Es sieht vielleicht so aus, doch es bricht sich nur das Licht
in den Schichten oben in der Atmosphäre.»

Und sie saßen eine ganze Weile schweigend beieinander
und blickten auf das weite Meer hinaus.
Und dann ging sie ohne ihn nach Haus'.

Tja, der Typ hat Pech gehabt… armer Kerl! Der hatte so viel über die wissenschaftlichen Hintergründe von Sonne, Mond und Sternen gelernt, dass er am Ende die Schönheit darin gar nicht mehr erkennen konnte. Zuvor hatte er seine Freundin schon darüber aufgeklärt, dass der Mond nicht «heute besonders gross» sein kann, weil er immer den genau gleichen Durchmesser hat – und dass Rosen wegen der Duftstoffe «Pheromone» so romantisch wirken. Dann ging sie ohne ihn nach Haus'. Schnief.

Ein Funken Wahrheit ist in der Story sicher enthalten – zu viel Wissen, oder besser, zu viel Theorie, kann manchmal das lebendige, schöne an einer Sache abtöten. Auch gerade in der Beziehung zu Gott.

Ich persönlich merke das immer wieder. Es gibt Zeiten, da hab ich eine richtig tiefe Beziehung zu Gott. Da spür ich ihn, da vertrau ich ihm, da ordne ich ihm alles unter. Und dann lese ich in der Bibel, lerne neue Dinge über ihn und bin einfach nur begeistert. Aber nicht selten gerät das dann aus dem Gleichgewicht. Ich lerne tausend Dinge über Gott, und wie ich als Christ leben sollte, verpasse es aber völlig, das Ganze in meinem Leben umzusetzen. Dann gibt es am Freitag einen Input in der Jugendgruppe, am Samstagmorgen im Unihockey-Training, am Sonntagmorgen in der Kirche und am Abend noch im Godi. Und jetzt lese ich dieses Goodie-Buch, dessen hochgestochene Aussagen ich auch noch in meinem Leben verwirklichen könnte. Theorie, Theorie, Theorie, aber vor lauter Wissensvermittlung geht mir die Zeit des Gebets, des Austauschens, der persönlichen Beziehung zu Gott, Stück für Stück verloren. Und der Nährboden des Glaubens stirbt ab. Er ist nur noch blanke Theorie, wird langweilig, und das Interesse schwindet. So ist es mir immer mal wieder ergangen.

Versteh mich nicht falsch: Ich meine damit nicht, dass Wissen an sich etwas Schlechtes ist oder dass man nicht Theologie studieren sollte usw. Im Gegenteil: Wenn du dich mit der Bibel, ihren Hintergründen und wahren Bedeutungen besser auskennst, wird das deinen Glauben unglaublich stärken und tiefer werden lassen. Genauso wie man nochmals eine ganz neue Bewunderung für die Sterne bekommen kann, wenn man weiss, wie unglaublich komplex das Universum aufgebaut ist. Aber es ist wichtig, dass wir uns immer wieder darauf besinnen, dass der Glaube an Gott am Ende eine Beziehung ist. Dass dir alle Theorie der Welt nichts nützt, wenn sie dir am Ende die Zeit für die Beziehung nimmt. Du würdest ja auch nicht ein Date mit deiner Traumfrau/deinem Traummann ins Wasser fallen lassen, weil du unbedingt gerade seinen Lebenslauf auswendig lernen willst oder weil du gerade seine Psyche anhand von verfassten Aufsätzen aus der Primarschule analysierst – hoffe ich!

Ich finde es etwas Wundervolles, dass Gott uns so viele Möglichkeiten gibt, von ihm/über ihn zu lernen. Nutze sie! Unbedingt! Aber besinn dich auch immer wieder darauf zurück, dass im Kern die persönliche Beziehung zu ihm das ist, was deinen Glauben festigen wird.

ÀSTIN MUN SIGRA

Eurovision – die grösste Fernsehshow der Welt, ein Musikwettbewerb, an dem Länder aus ganz Europa teilnehmen. Wer gewinnen – oder zumindest eine gute Platzierung erreichen will, muss auffallen. Besonders emotional, besonders Partylaune, besonders berührend – oder einfach besonders anders als alle anderen Auftritte des Jahres.

Letzteres haben sich wohl im Frühling 2019 vor allem die Isländer vorgenommen. 2018 waren sie mit einer 0815-Balade über Frieden abgeschlagen auf dem letzten Platz gelandet. So kam dann 2019 das pure Gegenteil an den Start: Die Gruppe Hatari mit ihrem Song «Hatrið mun sigra» – «Hass wird siegen». Und siehe da: Platz 10 insgesamt, gar Platz 5 beim Zuschauervoting.

Eigentlich krass, dass einer von der Bühne schreien kann «Der Hass wird siegen! Die Liebe wird sterben! Die Freude kommt zu Ende! Weil sie Betrug ist – eine verräterische Illusion» und so viele Leute sich mit dieser Botschaft/diesem Gefühl offensichtlich gut identifizieren können.

Aber es hat schon was – wenn man in die Welt schaut, hat man manchmal das Gefühl, dass das Böse überhandnimmt. Ob einem das nun passt oder nicht – schau dich doch um: Krieg, Leid, Hunger. Ungerechtigkeit und Unrecht. In einer Welt, in der bei uns täglich Tonnen an Nahrungsmittel direkt vom Ladenregal in den Müll wandern, sterben immer noch Menschen, weil sie kein Essen haben. Und man muss nicht mal so weit wegschauen: In einer digitalisierten und komplett vernetzten Gesellschaft fühlen sich viele alleine und im Stich gelassen. Mobbing ist populär wie eh und jeh. In einem der reichsten Länder der Welt merken wir immer wieder, dass «alles haben» Neid eher noch mehr schürt als besänftigt. All die Freude auf dieser Welt scheint eine einzige

Lüge, ein Ignorieren des ganzen Leids zu sein. Ja. Auch wenns mir nicht passt: Hatrið mun sigra – der Hass scheint zu siegen.

Da tönt es doch ziemlich unglaubwürdig, wenn man dann in der Bibel liest:

> «Er wird ihnen alle Tränen abwischen. Es wird keinen Tod mehr geben, kein Leid, keine Klage und keine Schmerzen; denn was einmal war, ist für immer vorbei.»
>
> Offenbarung 21,4

Wenn man so durch das Buch «Offenbarung» geht, wo mehr oder weniger die Chronologie des Weltuntergangs abgehandelt wird, steht zwar durchaus, dass der Hass sehr viel Macht haben wird. Aber am Ende siegt Gott, am Ende siegt die Liebe.

Es tönt irgendwie kitschig, nicht? Und auch etwas unglaubwürdig. Wie in einem schlechten Kinderfilm. Ganz ehrlich, wenn ich darüber nachdenke, fällt es mir äusserst schwer, mir wirklich vorzustellen, dass am Ende die Liebe siegt. Also, dass sie nicht einfach überlebt, sondern allein herrscht auf dieser Welt. Dass es irgendwann überhaupt keine Wut, kein Neid, keine Furcht, kein Hass mehr geben wird. Es tönt einfach zu kitschig, um wahr zu sein.

Und doch, auch wenn ich es mir (noch) nicht vorstellen kann – es wird wahr, eines Tages, da bin ich fest davon überzeugt. Eine Welt ohne Krieg, ohne Leid, ohne Streit – einfach nur tiefste, innige Liebe. Und irgendwie freu ich mich drauf, auch wenns schwer zu fassen ist. Und bis dahin kann ich mich schon mal daran machen, in einer Welt voller Hass und Leid ein kleines bisschen Liebe zu verbreiten, und schon heute ein wenig Himmel auf die Erde zu bringen.

Also liebe Isländer: Ástin mun sigra – Liebe wird siegen!

WAS DU NICHT WILLST

Wer kennt nicht das gute alte Sprichwort: «Was du nicht willst, dass man dir tut, das tu auch keinem andren an.» Also: Du willst nicht bestohlen werden = stehle nicht. Du willst nicht ausgegrenzt werden = grenze nicht aus. Du willst nicht ausgelacht werden = lach nicht aus. Eine noble Einstellung. Und ja, sie macht durchaus Sinn. Wenn keiner dem anderen etwas tut, was er selber nicht verträgt, dann ist die Welt ziemlich friedlich.

Aber wieder einmal war es diesem Gott nicht genug – sein Vorschlag, bzw. sein Auftrag an uns ist noch viel extremer. Er streicht das «nicht» aus dem Satz raus und sagt: «Was du WILLST, dass man dir tut, das TU auch deinem Nächsten!»

Tönt auf den ersten Blick nicht spektakulär unterschiedlich. Aber wenn du genauer hinschaust, verändert es alles. Wenn du willst, dass andere dich beschenken – beschenke andere. Wenn du gelobt werden willst – lobe andere. Wenn du Freunde willst, denen du vertrauen kannst – dann sei ein Freund, dem man vertrauen kann. Und zwar nicht nur gegenüber deinem/r BFF, sondern deinem «Nächsten». Und wenn du jetzt fragst: «Wer ist denn mein Nächster» – es ist der unbeliebte Typ aus der Schule, der dir im Bus gegenübersitzt. Es ist die Zicke, welche dich immer mit ihren Kolleginnen fertiggemacht hat. Es ist der alte Mann an der Haltestelle, der dein Benehmen kritisiert – so wie du behandelt werden willst, sollst du andere behandeln.

Dass wir nicht Böse zueinander sein sollen, versteht jeder Depp. Aber dass wir zu jedem lieb sein sollen, ist dann schon ein ganz anderes Kaliber. Ist es einfach? Nope, mit allerzuverlässigster Sicherheit nicht. Es ist auch kein Gebot, welches dich entweder in oder aus dem Himmel bringt, das sei auch nochmal gesagt. Aber es ist Gottes Wunsch, wie wir miteinander leben sollen: Seit nicht nur «nicht böse» – seid lieb!

SCHLANGENCHRIST

Heute machen wir mal wieder eine Zeitreise. Zurück in die 60er und 70er-Jahre, also in die Zeit, als deine Eltern vielleicht langsam in Planung waren. Zu dieser Zeit war die Welt sehr unruhig. Vor allem die zwei Gesellschaftsmodelle Kommunismus – alles soll allen gehören, und Kapitalismus – jeder muss für sich selbst sorgen, standen in andauerndem Zweikampf. Dies führte zu vielen Kriegen, überall auf der Welt, welche vielleicht zu den blutigsten und sinnlosesten der Weltgeschichte gehören. Viele Länder waren gespalten, und nicht selten endeten Bürgerkriege mit der Errichtung einer Diktatur. So kam z.B. in Spanien Franco an die Macht, welcher fortan die Kommunisten unterdrückte und umbringen liess – und in China führte Mao Zedong das Reich der Mitte. Seine kommunistische Diktatur kostete vielen Millionen Menschen das Leben, er gilt als einer der grössten Massenmörder der Geschichte.

Auch die Christen waren ihm ein Dorn im Auge, sie hatten keinen Platz in seinem Weltbild. Er liess Kirchen schliessen, verbot Gottesdienste. Bibeln wurden verbrannt, Christen mussten sich einer «Umerziehung» unterziehen. Dass dieses Vorhaben der ent-christianisierung Chinas hochkant scheiterte und die Kirche in der Zeit der Unterdrückung so stark wuchs wie nie zuvor, ist eine Geschichte für sich. Aber vor kurzen hab ich eine Story aus der Zeit gelesen, welche ich heute weitererzählen möchte. Ob sie wirklich genauso stattgefunden hat, weiss ich nicht, da müssten wir eine Zeitreise unternehmen.

In der Zeit von Maos Regime lebte unter anderem der Pfarrer Watchman Nee in China. Als nach und nach die Kirchen geschlossen wurden, war es auch ihm verboten zu predigen. Problem: Er hatte einen Input bei einem Leiterkongress, wo er andere Pfarrer und Gläubige ermutigen sollte. So stand er in dem vollgepackten Saal. Die Polizei war auch drin und bereit, ihn festzunehmen, falls er sprechen sollte. Was tun? Nee tat etwas Unerwartetes – und wär die Situation nicht so ernst gewesen, es wäre lustig – er spielte einfach Pantomime. Mit seinem Glas Wasser als Symbol für die Gemeinde und sich selbst als Mao-Regime brachte er seine Botschaft rüber, und ermutigte dabei die Gläubigen, festzuhalten und weiterzukämpfen. Diese Botschaft verkündete Nee – ohne einen Mucks zu sagen. Die Polizei wagte nicht, ihn festzunehmen. Er hatte ja nicht geredet.

Ich fand diese Geschichte extrem spannend und lehrreich, weil sie zeigt: Christen dürfen schlau sein. Ich meine, der superchristliche Ansatz wäre gewesen: «Sie wollen mich einschüchtern, aber ich hab Gott auf meiner Seite, deshalb steh ich jetzt auf diese Bühne und rede einfach drauflos. Wenn mich die Polizei dann verhaftet, bin ich gerne bereit, auch für Gott zu sterben, denn was immer mir geschieht, er ist bei mir!» Dann wäre Nee verhaftet worden und verschwunden. Seine Zeit als Prediger wäre vorbei gewesen. Als er ein paar Jahre später tatsächlich inhaftiert wurde, blieb er bis zum Tod im Gefängnis. Er hätte gar keine Botschaft rüberbringen können, weil die Polizei sofort eingeschritten wäre. Anstatt die Christen zu ermutigen, hätte er durch seine Verhaftung und Machtlosigkeit wohl noch mehr Verunsicherung produziert. Aber Nee war schlau. Er hielt sich an die Regeln, passte sich an und schaffte es trotzdem, Gottes Botschaft weiterzuerzählen. Er blieb dank dieses cleveren Schachzugs ein freier Mann, die Zuhörer wurden gestärkt. Win-Win.

Im Matthäus 10,16 steht in Zusammenhang mit dem Missionsbefehl: «Seid klug wie Schlangen, und doch frei von Hinterlist wie Tauben.» Jesus sagte den Jüngern: Ich weiss, ihr werdet das Evangelium Leuten erzählen, die das nicht wollen. Zum Beispiel den Pharisäer. Ihr müsst ihnen nicht ins offene Messer laufen – seid schlau, verhaltet euch klug, dass sie euch nichts ankreiden können. Und wenn du die Geschichte von Paulus ab

Apostelgeschichte 22 anschaust, merkst du schnell, dass er in seinen Verteidigungsreden seine Worte und Formulierungen sehr klug wählt, um die Zuhörer, welche ihm glauben, zu erreichen und gleichzeitig seine Gegner auszuspielen. Einmal (Apg. 23,6) nutzt er z.B. eine bestehende Streitfrage unter seinen Gegnern aus, sodass sie am Ende untereinander streiten und ihn gar nicht mehr anklagen wollen. Schlaues Kerlchen!

Ja, wir können einfach auf die Strasse rennen, laut, mit Schaum vor dem Mund und in Lutherdeutsch verkünden: «Wehe dir, Chorazin! Weh dir, Betsaida! Wären solche Taten in Tyrus und Sidon geschehen, wie sie bei euch geschehen sind, sie hätten längst in Sack und Asche Buße getan» (Mat. 11,21) Und die Leute würden uns verständnislos anschauen, weil sie weder den Satzbau noch die Worte darin verstanden hätten, und uns als Verrückte einsperren lassen. Und alle diejenigen, welche die Christen allgemein für vermurkst, altbacken und gefährliche Fundamentalisten halten, würden sich bestätigt fühlen. Das muss nicht sein. Ich glaube, Jesus fordert uns auf, das Evangelium klug zu verbreiten. Wir müssen nicht direkt ins Unglück rennen, in blindem Vertrauen auf Gott. Wenn wir merken, dass im übertragenen Sinn die Polizisten schon bereitstehen, um uns wegzusperren, dann müssen wir nicht einfach durchziehen. Wir dürfen schlau wie eine Schlange unseren Weg durch die Gegner schlängeln und dabei unerschrocken Gottes Nachricht verkünden. Wichtig aber: Frei von Hinterlist wie eine Taube. Nicht darauf anlegen, möglichst fiese Tricks zu verwenden. Wir sollen nicht andere Leute betrügen und Menschen ins Christentum hineintricksen, sondern überlegt an die Sache rangehen.

Sei wie die Schlange (nicht wie die aus Adam und Eva, ich meine die andere). Gott hat dich nicht dazu geschaffen, durch die Mauer durchzurennen Er hat dir ein Hirn geschenkt, um die Tür einen Meter rechts zu benutzen.

UND DER HUNGER IST GEGESSEN

Als Jesus am Kiosk vorbeikam, rief ihm die Verkäuferin zu: «Na, willste auch 'nen Snickers kaufen?» Jesus seufzte: «Wenn du wüsstest, was Gott dir geben will und wem du hier einen Snickers anbietest, dann würdest du mich um den Snickers bitten, der deinen Hunger wirklich stillt. Und ich würde ihn dir geben!» «Woher willste denn so 'nen Snickers herholen?», gab die Dame zurück, «du hast ja keinen dabei! Willste etwa einen aus dem Himmel zaubern?» «Wer deine Snickers isst, der hat bald wieder Hunger! Doch wer den Snickers isst, den ich ihm gebe, der wird nie wieder Hunger haben. Sein Hunger wird für immer gegessen sein!»

Ein anderes Mal traf Jesus einen Besessenen an. Und der schlug um sich und schrie ihn immerzu an: «Was willst du hier, hau ab, ich hasse dich!» Doch Jesus wusste tief drin, was der Mann brauchte. Er nahm einen Snickers aus der Tasche und gab ihn dem Besessenen. «Besser?» fragte er. «Besser!», antwortete der Geheilte. Und die Jünger sprachen im Chor: «Du bist nicht du, wenn du Hunger hast...»

Nein, ganz genau so steht das nicht in der Bibel, muss ich zugeben. Und trotzdem trifft dieser Werbeslogan vielleicht so gut auf Jesus zu, wie kaum ein anderer Satz der Weltgeschichte. Jesus kam, um den Hunger der Leute zu stillen. Nicht den körperlichen Hunger, wie die Frau am Brunnen (so geht die richtige Geschichte in Johannes Kap 4) zu Beginn glaubte. Jesus sieht, wie die Menschen sich sehnen nach einer echten Erfüllung im Leben. Und wie sie diese Erfüllung suchen, in allen möglichen Dingen. Denn wenn sie hungrig sind, dann benehmen sie sich wie Tiere. Leider reicht kein Snickers dieser Welt aus, um den Hunger nach Erfüllung nachhaltig zu stillen. Also sind die Menschen immer auf der Jagd, auf der Suche nach einer Migros, einem

Aldi, schlimmstenfalls einem Selecta-Automaten, um endlich wieder einen Snickers essen zu dürfen.

Und Jesus schaut uns an und sagt: Du musst nicht mehr weiter leiden! Ich habe den Snickers, der deinen Hunger für immer stillt. Ich bin der Snickers, der deinen Hunger stillt. Du bist nicht du, wenn du nicht geborgen bei Gott bist! Komm zu mir, und lass dich sättigen!

Nein, du bist nicht du, wenn deinem Leben der Inhalt fehlt.

JESUS – und dein Hunger ist endlich, und endgültig gegessen!

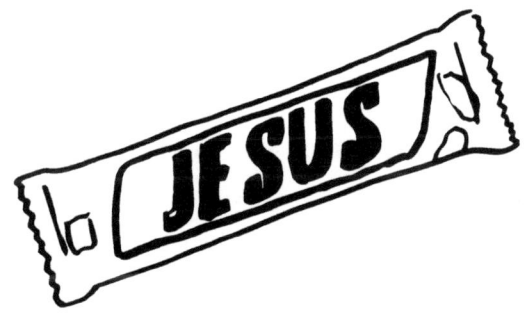

DIE KÖNIGE EUROPAS

Die ganze Stadt war in Aufruhr: Der heimische Klub hatte gerade die Champions League gewonnen – sensationell! Sie hatten im Finale völlig überraschend die hoch favorisierten Gegner mit nicht weniger als 5:0 nach Hause geschickt! Wenn man bedenkt, dass sie Vorfeld zum Scheitern verdammt waren! Die gegnerische Presse bezeichnete sie als einen unwürdigen Gegner, und schlug vor, sie sollten gleich zu Hause bleiben und ihnen kampflos den Titel überlassen – es würde ohnehin der langweiligste und einseitigste Final der Turniergeschichte.

Aber sie hatten gewonnen! «David siegt gegen Goliath» titelten die Zeitschriften. Und nun fuhren sie mit dem Mannschaftsbus durch die Strassen, sassen auf dem Dach und liessen sich feiern. Mitten in der Nacht war ihr Flugzeug gelandet, aber die Strassen waren hell erleuchtet, überall Männer, Frauen, Kinder, alle in Ekstase und purer Freude über diesen nicht für möglich gehaltenen Triumph. Es war mehr als ein Fussballspiel, und es war mehr als einfach irgendein Sieg. Sie waren wieder jemand. Nicht nur die Stadt, das ganze Land hatte ein neues Selbstbewusstsein durch diesen Sieg. Nun würde alles anders werden.

Zuvorderst im Bus sass der neue Star des Teams. Erst 17 Jahre alt, ein Eigengewächs. Er war überhaupt nur wegen der vielen Verletzten oder Angeschlagenen im Team nachgerutscht (und weil einige sich dieses Spiel, diese vorhersehbare Niederlage schlicht nicht antun wollten). Sein erster Match auf Profiniveau. Und der Junge geht aufs Feld und macht innerhalb der ersten 20 Minuten das 1:0 und 2:0. Mehr oder weniger im Alleingang. Danach brachen die Dämme, und auch der Rest des Teams begeisterte mit absolut erdrückendem Fussball. Hinter ihm sass nun der Captain der Mannschaft. Ein alteingesessener, über 30 Jahre alt. Er hatte diesen Club mit gross gemacht, war aber auch oft an seinen Eskapaden und Saufgelagen, seinem Egoismus gescheitert. Nun war er irgendwie stolz, erleichtert, aber gleichzeitig merkte er, dass sich so gar niemand für ihn zu interessieren schien. Die Sprechchöre schwollen an auf den Strassen. «David! David! David!» Die Mädchen kreischten, wenn der Junge ihnen zuwinkte, die Jungs hatten bereits selbstgebastelte Trikots mit seinem Namen hinten drauf (offiziell gabs ja noch keine), überall Liebesbekundungen, Gratulationen. Und dann sah Saul dieses Banner: «Mit Saul wurden wir die Herren der Liga, mit David die Könige Europas»! Und in diesem Moment ging etwas kaputt in ihm. Und er erinnerte sich, wie ihm der Trainer einst gesagt hatte: «Du wärst ein guter Fussballspieler, aber durch deine Einstellung und dein Verhalten bist du untragbar! Eher früher als später wird ein anderer die Kapitänsbinde übernehmen, denn du bist kein Vorbild für diese Mannschaft!» Und er sah David an und hasste ihn! Er wollte ihn aus dem Weg haben. Denn er sah, dass hier gerade sein Nachfolger gekürt wurde, wenn er nicht schnell etwas unternahm.

Ungefähr so muss es Saul ergangen sein, als die Israeliten in 1.Samuel 18,6-9 aus der Schlacht gegen die Philister zurückkamen (besser bekannt als: David gegen Goliath). Als die Frauen auf den Strassen sangen und alle David anhimmelten, da merkte er, wie sein Stern zu sinken begann. Nicht mehr er war der Kriegsheld, sondern ein anderer. Und ihm wurde klar, dass Gottes Drohung aus Kapitel 15 in Erfüllung gehen würde. Sein ungehorsam gegenüber Gott bedeutete, dass er, der erste König Israels, seine Macht verlieren würde. Und Saul wurde neidisch auf David. So hasserfüllt wurde er, dass er David töten wollte.

Er hätte auch anders reagieren können. Idealerweise hätte er Gottes Entscheidung akzeptiert, von der er ja wusste, dass er sie nicht würde beeinflussen können. Er hätte versuchen können, David in seinem Walk to Fame zu unterstützen und hätte sich daran freuen können, wie gut sich sein Sohn Jonathan mit David verstand – immerhin die bekannteste Bromance der Bibel.

Aber das brachte er nicht fertig. Der Neid frass ihn auf. Und er zerstörte so viele Menschenleben. David war über viele Jahre ein Flüchtling, zusammen mit seinen Freunden und seiner Familie. Sauls Kinder, Jonathan – Davids BFF und Michal – Davids Frau, verloren ihren Freund und Ehemann wegen des Streits. Und das ganze Volk Israel litt darunter, dass Saul krampfhaft an seiner Macht festhielt, und mehrmals Monate damit verbrachte, David zu jagen, anstatt sich um die Geschäfte des Landes zu kümmern. Am meisten aber schadete Saul sich selbst. Der ganze Hass, der Neid, die Eifersucht – alles frass ihn auf und zerstörte sein Leben. Nur einem konnte er nicht schaden. Gott. Dessen Plan wurde Realität, ganz egal was Saul unternahm.

Neid ist etwas Menschliches. Ich glaube, niemand kann es Saul wirklich übelnehmen – ich verstehe seinen Frust, auch wenn er ja selbst schuld ist an der Situation. Ich bin sicher, jeder von uns war schon mal neidisch. Dass Person XY besser aussieht, dass sie mehr Freunde hat, reicher ist, schlauer, irgendwas. Eigentlich immer dann, wenn wir uns mit anderen vergleichen. Das schlimme ist: Mit Neid erreichst du überhaupt nichts. Neid macht dich nicht schöner. Es macht dich nicht beliebter, du wirst weder reicher noch schlauer, wenn du neidisch bist. Also: Was auch immer die Eifersucht hervorruft: Dein Neid wird das Problem keinesfalls lösen. Du machst einfach nur anderen Menschen und – hauptsächlich – dir selbst das Leben zur Hölle. Wie viele schöne Dinge hat Saul gar nicht mehr wahrgenommen, weil er nur noch den Hass auf David im Hirn hatte? Kennst du das Gefühl, wenn du irgendeinen bösen Gedanken/Wut/Hass im Kopf hast, und das alles andere blockiert? Es schadet nur dir. Weil es dir die Sicht auf das Schöne im Leben nimmt.

Gott will keinen Hass, keinen Neid. Das zehnte Gebot (last but not least) verlangt genau das: Du sollst dir nicht wünschen, du wärst wie der andere! Gott möchte, dass du deinen eigenen Wert erkennst, dass du dich an dem was du hast freust. Denn er hat dich gut gemacht, so wie du bist.

Und das Gute: Wenn Gott etwas von uns verlangt, dann hilft er uns auch, es zu erreichen. Wenn du also Probleme hast mit Neid in deinem Leben, dann will Gott dir helfen. Bitte ihn, dass er deinen Neid nimmt, dass er dir hilft, deinen Blick auf ihn zu richten statt auf andere Menschen. Ich bin sicher: Gott wird dich Stück für Stück verändern.

LAUTER DIE GLOCKEN NIE KLINGEN

Als Jolly Jesus in einer Höhle ein paar hundert Meter ausserhalb von Bettelshausen, einem Dorf ein paar Kilometer ausserhalb der Stadt Jewrüsselheim als Sohn von Maria Virginia und Josef O'Joseph zur Welt kam, war da so gar nichts Weihnachtliches daran. Höchstwahrscheinlich hat es nicht geschneit in der Steppe, mit grosser Wahrscheinlichkeit fand kein Weihnachtsgottesdienst statt, und ganz sicher ist kein Tannenbaum im Wohnzimmer gestanden. Die Glocken klingelten weder süss noch sauer noch sonst was. Nur meine Alarmglocken klingen, und zwar laut!

Hast du auch schon mal gestutzt? Was feiern wir da überhaupt, wenn wir in die Geschäfte rennen, um der Familie ein Schlechtes-Gewissen-Beruhigungs-Geschenk zu kaufen, wenn wir einen Baum mit Kerzen schmücken und Lieder singen? Wenn der Nikolaus vorbeikommt, und wir dem Tannenbaum seine grünen Blätter (Blätter? Wieso?) verehren?

Und warum feiern wir es? Es gibt schliesslich nie einen Aufruf in der Bibel, sich am vierundzwanzigsten Tag des zwölften Monats des gregorianischen Kalenders zu versammeln, um die Geburt von Jesus zu feiern. Auch vom Osterhasen steht übrigens nix, aber dafür ist ja jetzt die falsche Jahreszeit.

Ganz ehrlich – ich persönlich hab manchmal Mühe, mich mit Weihnachten zu identifizieren. Oder zumindest, zu verstehen, was es denn wirklich ist? Warum strömen da Leute in die Kirche welche sonst nie dort sind, um eine Geschichte zu hören, die sie schon hundert Mal zuvor gehört haben? Was feiern wir?

Am Ende ist es wie mit dem Sommer – Weihnachten ist, was in deinem Kopf passiert. Beziehungsweise, was du daraus machst. Es geht nicht um Geschenke, um Weihnachtsbäume, um Schnee oder den Nikolaus. Sondern darum, dass Gott seine unendliche

Liebe darin gezeigt hat, dass er bereit war, als Baby in einem dreckigen Stall zur Welt zu kommen, ein ganz gewöhnliches Leben zu leben, und am Ende für alle unsere Fehler zu sterben. Und wann immer du diese Liebe erwiderst, beziehungsweise an andere Menschen weitergibst, dann hast du den Geist von Weihnachten wirklich verstanden. Und dann ist Weihnachten, auch wenn's eine ganz gewöhnliche Nacht in der staubigen Steppe ist, in der zufälligerweise ein paar Engel von der White Society ein Open-Air-Konzert für die Sheepboys auf dem Feld abgehalten haben.

GROSS TRÄUMEN, KLEIN ANFANGEN

Trariii-Traraaa – das neue Jahr ist da. Ein Jahr, in dem alles besser wird, soviel steht fest. Denn ich habe mir Vorsätze genommen. Neujahrsvorsätze. Und ja, ich bin wild entschlossen, sie einzuhalten. Ich werde in diesem Jahr klimaneutral, die Netto-Null ist meine neue Lieblingszahl. Und reich, das werde ich auch, ich spar mich wohlhabend, dann ist die Altersvorsorge gesichert. Ja, und in der Schule hol ich mir noch das Abschlusszeugnis, auf das ich ein Leben lang stolz sein kann, denen zeig ich's, von wegen ich sei faul! Ausserdem will ich bis im Frühling endlich mal einen Körperbau haben, den ich in der Badi ungeniert zeigen kann. Ach ja, und im Unihockey will ich technisch ein Bisschen auf die Höhe kommen. Ich werde hygienischer, sauberer, organisierter leben. Und ja, die Beziehung mit Gott kommt nun auch in Ordnung. Endlich. Fertig Schattendasein, endlich kommt wieder eine richtige Beziehung, ich werde ein unerschrockener Kämpfer für das Evangelium. Ich werde meinen Mitmenschen helfen, wo ich auch kann. Und jede Gelegenheit nutzen, dass die Leute auch an meinem Handeln, nicht nur an meinen Taten meine Identität in Jesus erkennen.

Handeln. Ja, das will ich. Ich bin wild entschlossen, alles zu tun, was nötig ist, um all diese Ziele zu erreichen. Wie, was meinst du? Joggen gehen? Ja, klar, aber heute ist der 1.1., ich hab noch 'nen Kater von gestern Abend. Morgen ist das Wetter schlecht, aber danach fang ich an. Ausserdem dachte ich eigentlich eher daran, ins Gym zu gehen... Und nein, bevor du fragst, ich werde jetzt auch nicht im Keller bällelen gehen mit dem Unihockeystock, da ist's doch jetzt viel zu kalt!

Was soll ich? Meinen Abfall sortieren? Aalter, die Zeit hab ich doch nicht! Ich soll jetzt zu lernen beginnen für die grosse Prüfung am nächsten Dienstag??? Bist du krank? Es sind Ferien, wohlverdient und lang ersehnt, ich lern doch jetzt nicht, nur weil die Lehrerin so dumm war eine Prüfung gleich nach den Ferien zu positionieren! Ich sag dir, die dumme Kuh kann mir mal so zünftig! Jaja haha, Nächstenliebe, du kennst die gar nicht, die ist echt eine Ansammlung von Inkompetenz! Nein, für die Kleingruppe nächste Woche hab ich auch keine Zeit, da will ich am Abend Eishockey schauen. Neeeein, ich hab jetzt keinen Bock, die Abwaschmaschine auszuräumen. Lass uns lieber noch ein paar Guezli essen, solangs noch hat – nee, das Mandarinli ist schon ganz pflotschig, das will ich nicht mehr. Aber schau mal die Spitzbuben! Juuuungs, ich komme!!!

Viele denken nicht gross genug. Aber noch mehr wollen nicht klein anfangen.

GOD SAVE THE QUEEN

Es ist vermutlich die berühmteste Nationalhymne der Welt: «God save the Queen» – Gott schütze die Königin. Sie wird nicht nur in Grossbritannien gesungen, sondern auch in Neuseeland und allen anderen ehemaligen britischen Kolonien, die heute noch zum Common Wealth gehören.

> Gott schütze unsere gnädige Königin!
> Lang lebe unsere edle Königin,
> Gott schütze die Königin!
> Lass sie siegreich,
> Glücklich und ruhmreich sein,
> Auf dass sie lang über uns herrsche!
> Gott schütze die Königin!

Natürlich wird das Lied wohl von den wenigsten als echtes, ernstgemeintes Gebet interpretiert. Und doch: Ist doch eigentlich mega schön, dass bei jedem Sportevent, bei jedem Auftritt von Elizabeth II., bei jedem Staatsanlass im Vereinigten Königreich, gesungen wird: Gott schütze die Königin.

Man kann über Politiker vieles sagen. Sie seien korrupt, sie arbeiten doch nur für die eigene Tasche. Oder sie hätten keine Ahnung von ihren Aufgaben, und seien komplett fehl am Platz. Am Ende sind es einfach Menschen. Menschen, welche eine ungeheure Verantwortung haben. Und Menschen, welche sicher oft Fehler machen, auch mal den Versuchungen der Macht erliegen.

Und um jetzt nicht nur in die Politik abzuschweifen: Gleiches gilt für Lehrer, Lehrmeister, Arbeitgeber, Eltern usw. Auch diese Autoritätspersonen sind Menschen. Menschen mit Verantwortung, die manchmal Fehler machen.

Wir können über diese Leute schimpfen. Wir können am Lagerfeuer oder in der Beiz oder auf dem Schulplatz darüber wettern, wie unfähig sie sind, und was alles anders laufen müsste. Wir können demonstrieren gehen. Und – Gott sei Dank – wir können zumindest Politiker abwählen, in einer Demokratie. Aber das Problem ist: Egal, wen wir stattdessen wählen, es wird immer ein Mensch mit unglaublicher Verantwortung sein, der Fehler machen wird.

Was bleibt uns also? Ich glaube, es hat eine unglaubliche Macht, wenn wir für unsere Lehrer, Pfarrer, Eltern beten. Wenn wir Gott bitten, dass er ihnen Weisheit gibt. Dass er einem Herrn Trump genauso die Birne erhellt wie seinen Konkurrenten auf der anderen Seite des politischen Spektrums, denn oftmals haben's beide nötig. Dass er unserem Lehrer die richtigen Worte gibt, dass er uns den Schulstoff verständlich und unterhaltsam beibringen kann.

Wie krass anders würde es aussehen auf unserer Welt, wenn wir einfach jeden Morgen von Herzen sagen würden: Gott, segne meine Lehrer! Gott, segne den Bundesrat! Gott, segne meine Eltern!

JEDEM DAS SEINE

Google Maps ist eine geniale Erfindung – absolut grossartig! Mehr als einmal hätte ich mich wohl komplett verlaufen, wenn ich nicht die Möglichkeit gehabt hätte, im Vornherein schnell mal zu schauen, wo ich ungefähr durchlaufen muss. Google Maps zeigt mir direkt an, wo die zwei/drei schnellsten Routen sind, wie lange sie ungefähr dauern, je nachdem ob ich per ÖV, PKW oder zu Fuss unterwegs bin… Tausend hilfreiche Informationen. Ohne Frage: Google Maps macht mein Leben um einiges einfacher!

Was ich aber lange Zeit nicht wusste: Nicht jeder sieht auf Google Maps dasselbe wie ich! Ein Chinese, ein Russe, ein Israeli oder ein Inder sehen unter Umständen eine völlig andere Welt. Ok – völlig anders nicht, im Großen und Ganzen stimmt es natürlich. Aber zumindest die Grenzverläufe werden auf den Kopf gestellt. So ist bei mir auf Google Maps zum Beispiel Taiwan ein eigenständiges Land – für einen Chinesen gehört es aber zu China. Im Grenzgebiet zwischen China, Indien, Bhutan und Myanmar habe ich als Schweizer zwei mögliche Grenzen eingezeichnet, eine entspricht dem indischen Weltbild, die andere dem Chinesischen. Ein Inder wird aber nur die nördliche, «indische» Grenze sehen, und ein Chinese nur die südliche, «chinesische». Ausserdem existieren laut China in dieser Region überhaupt keine Strassen, obwohl die Inder welche gebaut haben. Die Krim, Jerusalem – es gibt noch viele weitere Beispiele, in denen man je nach Ausgangsland verschiedene Karten sehen kann.

Aber warum eigentlich? Nun ja… Grenzstreitigkeiten sind ein etwas emotionsgeladenes Thema. Da sind die Positionen jeweils ziemlich verhärtet und bezogen. Wenn man sich auf irgendeine Grenze festlegt, verärgert man damit immer irgendeinen. Und da in China und Indien jeweils über 1,3 Milliarden Menschen leben, liegt Google etwas daran, diese Kundschaften nicht zu verärgern. Was also tun, wenn man seine Karten-App weltweit verbreiten will? Genau, man gibt einfach jedem das, was er sehen will. So ist jeder zufrieden und kann die App benutzen.

Manchmal sind wir auch als Christen etwas in Gefahr, jedem den Jesus zu bringen, der ihm gerade passt – oder auch, uns unseren eigenen Jesus zusammenzubasteln, wie er uns passt. Ein Gott, der uns dort Grenzen setzt, wo wir sie eh einhalten, und bei dem unsere Fehler eben gar keine Fehler sind, weil es dort gar keine Grenzen gibt.

Und das ist irgendwie auch logisch. Es macht viel mehr Spass, einem Gott nachzufolgen, der alles ok findet, was man macht. Und wenn ich jemandem von Jesus erzähle, will ich ihn ja auch nicht abschrecken. So sind wir manchmal etwas in der Gefahr Dinge so oder so zu biegen, je nachdem mit wem wir gerade reden. Aber so läuft es nunmal nicht. Im Gegenteil, wenn ich die Bibel lese, dann erlebe ich Gott als jemanden, der ziemlich klare Grenzen setzt, und dem diese Grenzen auch wichtig sind.

Versteh mich nicht falsch: Es gibt tatsächlich viele Dinge, zu denen gibt die Bibel keine glasklare Antwort. Ich hab z.B. keinen Vers gefunden, der mir sagt, ob die Preiserhöhungen bei Flugtickets mit dem Glauben vereinbar sind oder nicht. Und manchmal, da scheint die Bibel sogar widersprüchliche Aussagen zu machen, oder einfach solche, die man verschieden auslegen kann. Und so ist es kein Problem, wenn wir mal verschiedene Ansichten haben zum Glauben, zu aktuellen gesellschaftlichen Themen, zu Gottes Wesen.

Aber ich merke persönlich, dass ich immer wieder offen sein muss dafür, dass Gott die Grenzen anders setzt, als ich es gerne hätte. Viel zu oft lese ich die Bibel einfach entsprechend meinen Ideen, interpretiere Verse so, wie's mir passt, und überfliege

Teile (oder erachte sie als unwichtig), welche den Finger auf meine Probleme legen. Das möchte ich wieder ändern, und mit neu offenen Augen auch bereit sein, dass Gott mir meine Fehler aufzeigen kann.

Wenn Indien und Pakistan unterschiedliche Grenzen setzten, sind das zwei Länder mit Atombomben, die auf Augenhöhe streiten. Aber wenn Gott eine Grenze setzt, dann ist es schluss-endlich leider ziemlich egal, ob mir die passt oder nicht – denn er ist ganz eindeutig am längeren Hebel! Und anstatt mir dann einfach meine eigene Gottesversion zu basteln, welche meinen Idealen entspricht, ist es doch viel sinnvoller, zu erkunden, wo Gottes Grenzen sind, und herauszufinden, wie ich diese in mei-nem Leben einhalten kann.

DANKE HERR FÜR DIESEN SCH****

Neulich stiess ich im Internet auf einen Artikel über einen jüdischen Rabbi und seine Art zu beten. Als orthodoxer Jude hat er eine ziemlich ausführliche Gebetsroutine, dazu gehört unter anderem beten vor dem Essen, beim Brot-in-den-Ofen-schieben, vor dem Sex und tatsächlich auch nach dem Klo-besuch. Besonders letzteres zauberte mir ein Schmunzeln aufs Gesicht. Die Vorstellung, dass einer aufs Häuschen geht, und dann nach dem Händewaschen Gott noch kurz für seine funktionierende Verdauung dankt, scheint mir etwas skurril.

Aber genau so sollte unser Leben doch eigentlich aussehen: Ein ständiges dankbarsein gegenüber Gott, dass er alles so wundervoll geschaffen hat. Denn ja, dass deine Verdauung funktioniert ist ein absolutes Wunder, ein hochkomplexes System, und wenn nur ein klein wenig davon nicht stimmen würde, wärs aus mit dir. Und selbst wenn du gerade Bauchschmerzen hast, und dein Verdauungstrakt so gar nicht das tut wozu er geschaffen wurde: Ganz kaputt kann er nicht sein, sonst könntest du dich nicht mehr darüber beschweren. Die reine Tatsache, dass du lebst und diesen Goodie lesen kannst, bedeutet, dass unglaublich viel richtig läuft in deinem Leben.

Manchmal wirkt es etwas komisch, für all diese Dinge zu danken. Ich meine: Über sieben Milliarden Menschen auf der Welt können sich hinsetzen und Ballast ablassen, das scheint mir nicht eine allzu grosse Besonderheit zu sein. Und auch das Sonnensystem bewegt sich von alleine. Als ob ich Gott jedes Mal danken muss, wenn ich die Sonne sehe? Und mein Mittagessen hat am Schluss meine Mama auf den Tisch gebracht, nicht der Heilige Geist in einem Tuch aus dem Himmel.

Die Meinungen gehen auch im christlichen Kuchen weit auseinander, ob Gott nun jeden Grashalm einzeln wachsen und verdorren lässt, oder ob er einst den Motor gestartet hat, und nun das ganze mehr oder weniger selbstständig läuft. So oder so finde ich, können wir dankbar dafür sein, dass es läuft. Denn ich persönlich bin überzeugt, dass Gott zumindest die Macht hat, all diese Dinge funktionieren zu lassen oder durcheinanderzubringen, wie es ihm passt. Wenn Gott will dass die Erde aufhört sich zu drehen – dann ist ihm das möglich.

Und ganz ehrlich: So oft wie ich ihn um teils komplett unsinnige Dinge bitte, kann ich ihm eigentlich gar nicht genug dafür danken und gratulieren, wie super er alles eingerichtet hat. Von der Erde, die sich um die Sonne dreht über die Pflanzen, die jeden Frühling wieder wachsen, bis hin zu meiner Verdauung, welche grösstenteils zu meiner Zufriedenheit funktioniert. Danke Gott, dass du es so eingerichtet hast, danke, dass es funktioniert.

Vielleicht sitzt du aber gerade da und dir ist überhaupt nicht nach danken, weil's in deinem Leben gerade richtig schlecht läuft. Dazu noch zwei Gedanken: Zum einen gilt: Gott möchte, dass du ehrlich zu ihm bist. Du musst kein Grinsen aufsetzen, wenn dir zum Heulen zumute ist, und du musst nicht danken, wenn du nichts zu danken siehst. Auf der anderen Seite gilt aber auch: Dankbar sein ist eine Einstellung. Ob du das sehen willst, was gut läuft in deinem Leben, oder das, was schlecht läuft, das kannst am Ende du entscheiden. Es wird immer etwas geben, worüber man klagen könnte. Und es wird immer etwas zu danken geben. Du hast die Wahl, was der Grundton (nicht die Dauerschleife) deines Lebens sein soll.

Ich bin ein ewiger Nörgler, ich finde fast an etwas allem etwas auszusetzen, wenn ich will. Aber wenn ich's mir so überlege: Ich glaube man hat ein deutlich fröhlicheres Leben, wenn man Gott für die Notdurft dankt, als wenn man sich über die stotternde Internetverbindung beschwert. So will ich versuchen, mich auf die guten Dinge zu konzentrieren, und dafür dankbar zu sein.

VERTRAUENSCRASH

Ich fuhr mit dem Fahrrad nach Hause. Ein warmer Sommertag, ich war gerade in der Badi gewesen, und nun mit hohem Tempo auf einem kleinen Kiesweg unterwegs. Ich musste abbiegen, realisierte dies aber etwas spät, machte eine Vollbremsung, um die Kurve noch zu kriegen – leider war die Physik dagegen. Der Kies rutschte, mein Fahrrad auch, und mein Knie war um ein paar Quadratzentimeter Haut ärmer. Rasen rächt sich! So humpelte ich nach Hause, anstatt zu fahren. Inzwischen war mein Bein rotgefärbt, und alles tat höllisch weh. Zum Glück war nichts gebrochen, und trotzdem wurde nichts mehr aus Baden für die nächsten paar Wochen. Das Fahrrad wurde zwischenzeitlich sogar gegen Krücken ausgetauscht.

Dumm gelaufen… Tja. Aber wie sehr mich der Crash wirklich beeinflusste, merkte ich erst, als ich wieder Fahrrad fahren konnte. Auf der Strasse war alles ok. Natürlich fuhr ich etwas behutsamer als sonst, um die Wunde nicht gleich wieder aufzureissen, aber alles in allem, alles wie immer. Doch dann kam ich auf einen Kiesweg… und ich wurde langsam wie eine Schnecke. Und ich kam an die erste Kurve – und konnte nicht mehr weiterfahren! Ich musste absteigen, mit zitternden Knien um die Kurve laufen, dann aufsteigen und behutsam wieder losfahren. Das fuhr mir ein. Kurven fahren auf Kies – absolut unmöglich. Ich konnte nicht. Mein Vertrauen, dass mein Fahrrad das aushält, war absolut hin. Es dauerte eine ganze Weile, bis ich mich wieder getraute. Als ich es schaffte, da fühlte ich mich wie ein Held.

Es war für mich das erste Mal, dass ich das Vertrauen in etwas komplett verloren hatte, dass ich etwas, was ich vorher für selbstverständlich hielt, wieder neu lernen musste. Und es war nicht einfach. Es hat mir auch ein Stück weit gezeigt, wie schlimm es sein kann, wenn Vertrauen zerstört wird. Ob ich mich nun traue, eine Kurve auf einem Kiesweg zu fahren, ist ja nicht gerade lebensentscheidend. Viel schwerwiegender ist es allerdings, wenn es um eine Beziehung geht.

Wenn du jemanden anlügst, zerstörst du etwas, was nicht leicht wieder aufzubauen ist: Das Vertrauen untereinander. Darum ist es so schlimm. Lügen, Vertrauensbruch, das ist so schnell passiert, aber die Wunden verheilen vielleicht über Jahre nicht. Auch ich habe schon erlebt, wie mein Vertrauen in Freunde nachhaltig geschädigt wurde, nachdem ich herausfand, dass sie mich angelogen hatten. Manchmal waren es tatsächlich böswillige Lügen, manchmal auch nur dumme Streiche. Aber die Tatsache, dass ich nicht mehr zu 100% wusste, ob sie mir die Wahrheit sagen, belastete mein Vertrauen extrem. Manchmal fiel es mir leicht, das Vertrauen wieder aufzubauen. In manchen Situationen ist die Beziehung danach nie wieder wirklich in die Gänge gekommen. Und manchmal habe wohl auch ich, mehr oder weniger bewusst, durch Lügen oder dumme Sprüche mehr kaputt gemacht, als mir eigentlich bewusst war.

Genau wie ich in wenigen unvernünftigen Sekunden mein Knie (und mein Vertrauen in Kieswege) malträtierte, und danach über Wochen und Monate damit beschäftigt war, alles wieder aufzubauen, so können auch Lügen, Beleidigungen etc. eine Beziehung nachhaltig schädigen. Und dann braucht man Wochen, Monate, vielleicht Jahre, um das Vertrauen ineinander wiederherzustellen. Das Gebot «du sollst nicht lügen», oder wörtlich «Sag nichts Unwahres über deinen Mitmenschen!» (2.Mose 20,16) wurde nicht erfunden, weil Lügen einfach nicht so lieb ist, und der liebe Gott da oben nicht so viel Freude daran hat. Sondern weil es Beziehungen zerstört. Also sollten wir uns alle Mühe geben, es bleiben zu lassen. Meinem Knie geht's wieder blendend, und über Kieswege rase ich heute als würd's kein morgen geben. Vertrauen kann heilen. Ich empfehle trotzdem, es gar nicht erst zu zerstören!

GANS IM GLÜCK

Ich heisse Christian Gustavs. Das bietet Stoff für tausend Spitznamen und Personifikationen. Ich heisse nicht nur Chrigugägu, Chrigian oder Guschti, sondern auch Gustavsson, Christoph Blocher oder, und damit sind wir beim heutigen Goodie: Gustav Gans.

Da der grösste Glückspilz Entenhausens mein Namensvetter ist, wird es Zeit, mal auf ihn und seine Erfolgssträhne einzugehen. Er ist ja eigentlich das, was alle sich zu Neujahr wünschen: Dass einfach endlich mal alles nach Plan läuft, das Glück einem Hold ist, und einem alles in den Schoss fällt. Was für ein Leben: Am Morgen die gewonnenen Preise entgegennehmen, am Mittag noch kurz im hauseigenen Kino den noch nicht erschienenen Megafilm probeschauen, bevor man am Nachmittag auf die dritte Weltreise in diesem Jahr geht. Daneben fühl ich mich ehrlichgesagt eher wie Donald, der scheinbar immer ins nächstverfügbare Fettnäpfchen tritt.

Liest man aber die Lustigen Taschenbücher, dann merkt man, dass Gustav gar nicht unbedingt glücklich ist. Er bekommt zwar alles, was er will – aber so richtig freuen kann er sich nicht darüber. Was einerseits damit zu tun hat, dass auch eine gewonnene Weltreise nach dem fünfzigsten Mal ihren Reiz verliert. Und andererseits, weil er immer wieder merkt, dass ihm sein Glück eben keine echten Freunde, eher Neider und Schmarotzer beschert.

Seien wir ehrlich: Jeder wünscht sich manchmal etwas mehr. Mehr Geld, schönere Kleider, das neuste Game, ein Töffli, ein schönes Auto usw. Wissenschaftler sind sich aber einig: Geld braucht man so viel, dass es zum Leben reicht. Alles dazu ist einfach Bonus, was einem aber nicht hilft, um glücklich zu sein. Vielmehr sind es Beziehungen, Freunde, Sinn im Leben.

Reich sein ist sicher cool. Ich hätt nix dagegen, das kannst du mir glauben. Aber red dir nicht ein, dass du deswegen glücklich wirst. Wenn du mit wenig Besitz nicht glücklich bist, dann wirst du's auch mit viel Besitz nicht sein. Oder wie der Coach in «Cool Runnings» seinem Schützling beibringt: «Eine Goldmedaille ist eine wundervolle Sache. Aber wenn du ohne sie nichts wert bist, dann bist du auch nichts wert, wenn du sie hast!» Deshalb freu dich an dem, was du hast. Und freu dich an dem, was du bekommst, freu dich an dem, was du kaufen kannst, gönn dir auch mal was. Aber versuch nicht, deinen Wert dadurch zu finden. Es wird nie gelingen. Dein Wert, dein Reichtum, dein Glück, findest du woanders.

DER MIT DEM PLAN

An einer Predigt habe ich mal gehört: Wir sagen immer «Gott soll das Steuer in meinem Leben übernehmen». Aber das ist falsch! Wir sind selber dafür verantwortlich, wo wir durchfahren. Gott übernimmt nicht einfach das Lenkrad in unserem Leben, wir müssen fahren. Irgendsowas in der Art. Und das macht Sinn. Beziehung mit Gott funktioniert definitiv nicht so, dass man sich zurücklehnt, die AirPods in die Ohren steckt und fest glaubt, dass er einen an den richtigen Ort führt.

Aber dann las ich in einem Buch: Die Frage in der Gottesbeziehung ist: Wer folgt wem? Folgt Gott dir nach, wohin du gehst? Oder folgst du Gott nach, wohin er geht? Was heisst: Oftmals wollen wir, dass Gott bei unseren coolen Projekten dabei ist, und uns hilft, aber eigentlich sollten wir bei Gottes Projekten dabei sein und ihm helfen. Das macht auch Sinn, tönt aber nicht wirklich nach «Steuerrad in der eigenen Hand haben». Was denn nun?

Als ich über diese Frage nachdachte, kam mir die Auto-Rallye in den Sinn. Allzu viel Ahnung hab ich nicht von dem Sport, jedenfalls fährt man da irgendeine Strecke in der Pampa möglichst schnell ab. Weil der Fahrer aber bei dem Tempo absolut keine Chance hat, Kurven rechtzeitig zu sehen, sitzt neben ihm sein Copilot, der den Plan der Strecke anschaut und dem Fahrer ständig Informationen weitergibt, was für eine Kurve als nächstes kommt.

Und dieses Bild scheint mir Sinn zu machen. Wir sind die Fahrer, mit beiden Händen fest am Steuer. Wir bestimmen, wohin wir mit unserem Leben wollen. Und Gott ist der mit dem Plan, derjenige, der im Gegensatz zu uns bereits weiss, wie die nächste Kurve aussieht. Wir sind nicht verpflichtet, auf ihn zu hören. Wir können auch woanders hinfahren. Es führt dann einfach nicht zum Ziel. Das schöne ist: Genauso wie der Copilot im Rallye dann (gezwungenermassen) mitfahren muss, wenn der Fahrer Mist baut, wird auch Gott uns (freiwillig) nachgehen, wenn wir mal auf Abwege geraten, und er wird uns helfen, wieder auf die Rennstrecke zurückzufinden.

Gute Fahrt!

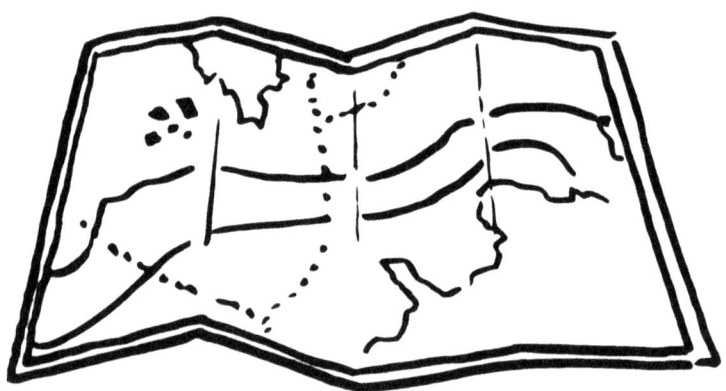

GLAUBENS-ALZHEIMER

Alzheimer ist was für alte Menschen, müsste man meinen. Müsste man. Wenn ich aber die Geschichte vom Volk Israel in der Wüste lese, dann komm ich zum Schluss, dass es eher eine chronische Krankheit für jedermann ist.

Es ist ja schon erstaunlich! Da erleben die Wunder, von denen ich nur träumen könnte. Ein Meer wird geteilt – passiert nicht alle Tage. Bitteres Wasser wird geniessbar – auch eine Seltenheit. Es liegt jeden Morgen Brot am Boden rum – hääää? Also lauter ganz klare Ansagen, mit denen Gott zeigt: Ich bin hier, ich versorge euch. Von der ganzen Vorgeschichte mit den zehn Plagen fangen wir gar nicht erst an.

Aber denkst du, die Israeliten checken das, und ordnen sich Gott unter? Alles, nur das nicht. Alle Tage wieder stellen sie Gott und Mose in Frage, finden, er kümmere sich nicht um sie und lasse sie im Stich. Kommt auch nur das kleinste Problem auf sie zu ist sofort alles hoffnungslos und man wäre am besten in Ägypten geblieben. Und das alles, obwohl sie bereits gefühlt tausend Mal erlebt haben, dass Gott bei ihnen ist und seinen Plan weiterführt.

Es fällt nicht schwer, sich über die Israeliten aufzuregen – so viel Engstirnigkeit und Vergesslichkeit sollte unter Strafe stehen! Wie kann man nur immer wieder vergessen, wie gut Gott doch zu einem ist?

Zumindest als Kind war das definitiv meine Einstellung. Wenn ich die Mose-Story heute lese, muss ich mir leider eingestehen, dass ich selbst nicht wirklich besser bin. Wenn es zu Gottes guter Versorgung kommt, hab ich ein Gedächtnis wie ein Sieb und ein Hirn wie eine Schüssel lauwarmer Kartoffelsalat. Ich kann mich an viel erinnern. An Streit, Diskussionen, auch schöne Dinge wie

Feste, Projekte usw. Aber geht's darum, was Gott in meinem Leben schon getan hat, dann wirkt immer alles wie ausradiert.

Dabei kann ich ihm wirklich nur danken, wie oft er mich schon durch schwere Zeiten getragen hat. Dass ich auch schon Wunder erleben durfte, wie übernatürliche Dinge passiert sind. Gott wirkt in meinem Leben, das steht für mich fest.

Warum fällt es mir dann so schwer, mich immer wieder neu auf ihn zu verlassen? Warum kann ich ihm nicht vertrauen, obwohl ich weiss, dass er einen guten Plan hat? Warum vergesse ich immer wieder, was er für mich getan hat?

Warum? Ich weiss es nicht. Aber ich habe in den letzten Jahren gelernt, dass ich wirklich nichts schneller vergesse als Erlebnisse mit Gott. Und so habe ich versucht, eine Strategie gegen meinen Wunder-Alzheimer zu entwickeln.

Was sehr gut funktioniert ist, die Dinge aufzuschreiben, die ich mit Gott erlebe. Egal ob sie gross sind oder klein. Ob ein regelrechtes Wunder oder einfach ein schöner Sonnenaufgang, ob eine Erkenntnis während einer Worshipzeit oder ein guter Gedanke aus einer Predigt. Weil ich dann in den schwierigeren Zeiten wieder nachlesen kann, und bestätigen kann: Ja, Gott ist ein guter Gott, er steht mir bei. Er ist erlebbar, er ist kein Gott, der tausend Jahre weg ist. Aufschreiben hilft, oder auch, es meinen Freunden zu erzählen. Nicht im Sinne von «Hört mal was mir geiles passiert ist», sondern «Hört mal was Gott cooles gemacht hat». Und wenn man sich dann gemeinsam darüber freuen und austauschen kann, hilft das ebenfalls, die Ereignisse in Erinnerung zu behalten. Und man hat ein, zwei zusätzliche Hirne, die einen erinnern können, falls man mal wieder unter akutem Gedächtnisschwund leidet.

STIMMUNGSKILLER

Gottesdienste sind immer scheisse. Mal ist's zu viel Hype und zu wenig Gott, mal zu altmodisch, mal zu modern, mal zu laut, dann wieder zu leise.

Es gibt Dinge, die können mich während dem Gottesdienst so richtig aus der Bahn werfen. Die regen mich einfach auf. Da kann ich mich absolut nicht mehr konzentrieren. Das heftigste Erlebnis war, als ich mal erlebte, wie zwei Lobpreiser auf der Bühne sich regelrecht einen Sing-battle lieferten. Regelmässig signalisierten sie dem Techniker, die eigene Stimme lauter, bzw. die andere leiser einzustellen. Gott loben war völlig nebensächlich, es ging nur darum, wer auf der Bühne den Lead haben darf. Ich bemerkte das und dachte ununterbrochen darüber nach, regte mich auf, Lobpreisen war absolut unmöglich. Es gibt aber noch tausend andere Sachen – bestimmte Lieder oder die Art wie sie gesungen werden. Ein dummer Spruch des Predigers, der mir sauer aufstösst. Oder ein Thema, das mir nicht gefällt. Sogar der Typ hinten rechts von mir, der viel zu laut und komplett schräg singt. Kennst du das auch? So kleine Trigger, wenn die auftreten, dann siehst du nichts mehr anderes. Dann ist der Fokus komplett weg.

Manchmal ist der Ärger gerechtfertigt, manchmal ist es auch einfach die Diva in mir, welche ihre Show abliefert. Aber egal ob gerechtfertigt oder nicht, eines bleibt: Diese Dinge halten mich davon ab, auf Gott zu schauen. Sie halten mich davon ab, einen Lobpreis zu geniessen, einer Predigt richtig zuzuhören. Sie verhindern, dass ich das machen kann, wozu ich eigentlich gekommen bin. Was also soll ich tun?

Ich hab echt lange gekämpft, um mit solchen Situationen fertigzuwerden. Nicht selten war ich dann während dem ganzen Gottesdienst abgelenkt, und hatte überhaupt nichts davon. Und irgendwann begann ich zu lernen, meinen Fokus zu verändern. Mich nicht über das «Problem» aufzuregen, sondern es als Grund zum Beten zu nehmen. Wenn inzwischen ein Lied im Lobpreisblock kommt, dessen Aussage ich nicht teilen kann, dann lästere ich nicht fünf Minuten bei Gott darüber, sondern nutze die Zeit, um gerade über dieses Thema zu beten. Wenn Menschen um mich herum sich komisch (nicht meiner heiligen Norm entsprechend, hüstel) verhalten, verdrehe ich nicht die Augen, sondern versuche, sie zu segnen – Und bete gleichzeitig, dass Gott mir mehr Demut schenkt.

Verstehst du, was ich meine? Wenn dich etwas stört – ganz allgemein im Leben, aber besonders auch in der Kirche, im Godi – dann hast du verschiedene Möglichkeiten, darauf zu reagieren: Du kannst dich darüber aufregen, oder du kannst es nutzen, um vor Gott zu kommen. Seit ich mich vermehrt für letzteres entscheide, merke ich wirklich, wie ich lockerer im Lobpreis bin, viel tiefere Zeiten mit Gott habe. Oftmals führen gerade die Geschichten, welche mich früher mega aufgeregt hätten, heute zu den besten Gebetszeiten.

Gottesdienste sind immer scheisse. Mal ists zu viel Hype und zu wenig Gott, mal zu altmodisch, mal zu modern, mal zu laut, dann wieder zu leise. Den idealen Gottesdienst gibts nicht. Lass nicht zu, dass dich das kleinste Ärgernis davon abhält, vor Gott zu kommen!

WENNS BRENZLIG WIRD

Ende Februar fand in Karlsruhe ein Leitungskongress statt. Auch ich durfte mit einer Gruppe aus unserer Gemeinde dabei sein. Es war eine mega coole Zeit, sehr lehrreiche Talks, Hammer Worshipzeiten. Und dann kam mitten rein die Hiobsbotschaft: Ein angekündigter Speaker hat sich mit dem Corona-Virus infiziert. (Zur zeitlichen Orientierung: Ende Februar gab es noch kaum Fälle in Deutschland, es gab noch absolut keine Einschränkungen.) Er war zwar nie auf dem Gelände, für die Teilnehmer besteht keine Gefahr, aber wir brechen den Kongress nun vorsichtshalber bereits knapp einen Tag vor dem offiziellen Ende ab.

Es war ein ziemlicher Faustschlag in die Magengrube, das könnt ihr mir glauben. Ich meine, man konnte es ja nicht ganz ausschliessen. Aber dass wirklich plötzlich einfach Schluss sein würde? Dann gingen die menschlichen Hirne an, Handys wurden gezückt, um zu Hause zu informieren, jede Gruppe begann zu besprechen, ob man nun den freigewordenen Tag und das gebuchte Hotel noch ausnutzen oder lieber schnellstens nach Hause aufbrechen sollte. Die Diskussionen starteten, und mitten rein wehrte sich plötzlich eine aus unserer Gruppe: «Hey, das kann's doch jetzt nicht gewesen sein! Hier sind 10'000 Christen versammelt, und dann passiert sowas und alle nehmen es einfach hin!? Können wir nicht zuerst einfach mal beten, bevor wir Entscheidungen treffen?»

Also ging unsere Gruppe raus vors Kongresszentrum, und wir standen im Kreis und beteten zusammen. Ich versichere dir: Ich hatte auch bis dahin eine gute Zeit mit der Gruppe, viele tiefe Gespräche mit jedem einzelnen, es war auch bis dahin schön. Aber an diesem Punkt kamen wir zum ersten Mal einfach alle zusammen vor Gott, es war so verbindend, wir waren einfach eins, eine zusammengeschweisste Gruppe. Dann am Bahnhof wieder: Wir wollen zurück, aber… ich führ nicht weiter aus, das Schlagwort «Deutsche Bahn» sagt eigentlich alles. Und wieder stellt sich zuerst mal der übermüdete Quängeli in unseren Köpfen an. Bis uns einer ermuntert: «Hei, beten wir doch!» Wieder zusammenstehen, wieder Gott ehrlich sagen, dass es uns anscheisst, aber dass wir ihm vertrauen möchten. Dann die Nachricht: Ok, es geht doch irgendwie nach Hause! Es bricht Erleichterung aus, nochmals ein paar bissige Sprüche in Richtung der DB (wenn ich mal heissgelaufen bin hör ich nicht mehr auf). Bis wieder einer meint: «Jetzt sollten wir aber Gott schon auch mal noch danke sagen!» Und nochmals hinstehen, nochmals beten, nochmals zusammengeschweisst werden vor Gott. Gebet bringt uns zusammen.

Ich weiss nicht, ob das in der Form passiert wäre, wenn alles einfach nach Plan abgelaufen wäre. Bis zur Absage hin hatten wir irgendwie nie das Bedürfnis, wirklich zusammen zu beten, weder vor dem Essen noch in den Kongresspausen… Warum auch? Läuft ja alles nach Plan. Zmörgele, Fahrt zum Kongress, Talk, Pause, um darüber zu diskutieren, Talk, Mittagessen, quatschen, Talk, Pause, Talk, Znacht essen, schlafen gehen. Bei so viel geistigem Input mag ich nicht die freie Zeit noch zum Beten nutzen. Und selbst als es dann plötzlich nicht mehr nach Plan verlief, war es so eine Herausforderung, zu beten. Als wäre es das Schwierigste auf der Welt. Die Frau hatte wirklich recht: Eigentlich erschreckend, wie 10'000 christliche Leiter auf einem Haufen sitzen können, dann geht etwas schief und keiner kommt auf die Idee einfach kurz innezuhalten und zu beten. Auch ich nicht, das geb ich zu.

Und wieder mal zeigt sich, dass «beten», so einfach es eigentlich wäre, eine schier unglaubliche Überwindung braucht. Jedes Mal, wenn ich bete, besonders wenn ich laut, in einer Gruppe bete, gibt das so eine unbeschreibliche Kraft, es löst etwas aus was grösser ist! Aber es ist nie meine erste Option, immer nur die letzte, nach Ewigkeiten von selber probieren, sich aufregen, enttäuscht sein, nochmals probieren… ok, dann beten wir halt.

Idealerweise gewöhnst du dir schon in schönen Zeiten an, mit allem vor Gott zu kommen. Dann fällt es auch leichter, wenn die schwereren Zeiten kommen. Aber wenn's nicht funktioniert, wenn alles läuft, dann lass dich wenigstens in den harten Zeiten immer wieder zu Gott führen.

Wir Schweizer haben nicht viel Erfahrung mit abgesagten Gottesdiensten und anderen Events, mit eingeschränkter Bewegungsfreiheit und Hamsterkäufen. Für andere Menschen ist das Alltag. Ist ja schade, wenn Basler Kinder weinen, weil die Fasnacht abgesagt wird, aber andere haben echt grössere Probleme. Die Frage ist, wie reagieren wir Christen, wenn am Sonntag zur Kirche gehen plötzlich mal nicht funktioniert? Sagen wir: «Tja, das wars wohl, vielleicht nächste Woche wieder…» Oder stehen wir erst recht zusammen im Gebet, nutzen wir die freie Zeit erst recht zum Bibel lesen und austauschen?

Das Coronavirus bringt viele Einschränkungen zu uns, und mancherorts leider auch Tod. Es wäre zu schade, wenn wir aus der Situation nicht auch etwas Positives machen würden.

DICH HATS GEBRAUCHT!

Es gibt die Leute, die Predigen. Es gibt die Leute, welche Podcasts zu Gott und der Bibel machen. Es gibt Lobpreiser, manche schreiben sogar ihre eigenen Songs. Und ich schreibe Goodies. Solche Leute braucht es in Gottes Reich! Leute, welche es schaffen, anderen das Evangelium näher zu bringen.

Lass dich von dieser offensichtlichen Arroganz meinerseits nicht anwidern, ich möchte dir eine kleine Anekdote erzählen: Vor kurzem hat mir ein Freund einen Podcast empfohlen. Ich habe ihn gehört, und er ist wie ein Feuerwerk an Informationen in meinem Hirn eingeschlagen. So viele spannende Gedanken zum Glauben, so viele neue Ansichten. Es hat mein Glaubensleben definitiv bereichert.

Und dann war da dieses Gedankenspiel: Dieser Freund hat mir absolut keine neuen Ideen gegeben zum Glauben. Er hat keine Thesen erstellt, er hat keine spannenden Gedanken gehabt und mir mitgeteilt – das waren alles andere. Er hat scheinbar absolut nichts zu dieser Bereicherung beigetragen. Falsch! Hätte er mir diesen Podcast nicht empfohlen, wäre alles andere vollkommen wertlos. Verstehst du? Die «geistliche Arbeit» haben andere geleistet. Andere haben einen Podcast ins Leben gerufen, andere haben ihre Gedanken zum Glauben geteilt, andere haben mich angesprochen. Aber ihr ganzes Angebot, ihre Arbeit, ihre Weisheit wären wertlos für mich, absolut wertlos, wenn mein Freund mich nicht darauf hingewiesen hätte. Und damit ist dieser Freund, obwohl er scheinbar nichts «christliches» getan hat, mindestens genauso wichtig und wertvoll für mein Glaubensleben und für diese neuen Entdeckungen, wie die Typen, welche den Podcast abhalten.

Es ist so eine krasse Lüge zu glauben, dass nur die, welche aktiv Gottes Wort predigen in irgendeiner Form, oder welche den

Glauben irgendwie verständlich erklären, wichtig sind in Gottes Reich. Im Gegenteil, es macht nur einen sehr kleinen Teil der Aufgaben aus. Genauso braucht es Leute, welche andere Menschen – sei es durch Worte oder Taten – überhaupt erst zur guten Botschaft hinführen. Sie sind genauso wichtig. Oder auch die Leute, welche das Potential eines Predigers oder Lobpreisers sehen und ihn fördern, damit er später in Gottes Reich dienen kann. Ist ja schön und gut, wenn ich jede Woche wieder genug Senf in der Tube habe, um einen Goodie daraus zu machen. Aber hätte nicht irgendwann mal jemand Potential in mir gesehen, und mich darauf angesprochen, wäre nie was davon an die Öffentlichkeit gelangt. Hätte der Godi mir nicht die Plattform gegeben, es wäre nix draus geworden. Und irgendwann hat dich mal jemand dazu gebracht, einen Goodie zu lesen. Vielleicht war's die Moderation im Godi, vielleicht ein Kollege, der es dir empfohlen hat – vielleicht auch die Person, welche die Goodies freundlicherweise so gut sichtbar auf der Godi-Homepage platziert hat. Und alle diese Menschen sind mindestens so wichtig für Gottes Reich wie ich, der ich scheinbar den «wichtigen», den sichtbaren Teil der Arbeit mache. Würde nur einer von ihnen fehlen, dann wäre mein Beitrag völlig wertlos.

Menschen sind so gestrickt, dass sie oft nur das würdigen, was sie sehen. Und das funktioniert eigentlich nirgends, besonders schlecht aber in Gottes Reich. Es gibt keine wichtigen und weniger wichtigen Positionen. Es braucht alle, damit Gottes Botschaft Menschen erreicht.

In dem Sinne: Ja, Menschen, die predigen, den Lobpreis leiten, Goodies schreiben, sind wichtig. Aber sie sind komplett wertlos, wenn andere ihren (für Menschen weniger sichtbaren) Job in Gottes Reich nicht machen.

DIE WURZEL AUSREISSEN

Ich musste ausnahmsweise einen Zug früher nehmen zur Arbeit, also stellte ich den Wecker entsprechend – allerdings etwas knapp. Ich wollte ja nicht früher als unbedingt notwendig das warme Nest verlassen. Problem: Ich war mir nicht ganz sicher, ob die Zeit wirklich reichen würde. Ich wusste nur, ich würde sofort Vollgas geben müssen, wenn der Wecker klingelt.

Es wurde eine schreckliche Nacht. Mein Hirn war offensichtlich so terrorisiert vom Gedanken, dass ich verschlafen könnte, dass es in höchster Alarmbereitschaft war. Ab Mitternacht war ich im zwei-Stunden-Takt hellwach, und alles in mir sagte: aufstehen, gleich musst du los.

Wie kann ich dieses Problem in Zukunft verhindern, und solch unruhige Nächte vermeiden? Eine Variante wären Schlafpillen. Oder noch ein Glas, äh, Milch vor dem Einschlafen. Mich irgendwie so zudröhnen, dass keine Sorge auf der Welt mich aus den Federn bringt. Das würde wohl funktionieren. Die einzige Gefahr dabei wäre, dass ich unter Umständen auch vom Wecker nichts mehr hören würde.

Viel effektiver wäre es, das Problem bei der Wurzel anpacken: den Wecker 10 min früher stellen, sich bewusst machen, dass die Zeit locker reicht, und mit dieser neuen Ruhe friedlich schlafen.

«Das Problem bei der Wurzel packen» alte Redewendung, die besagt man solle die Ursache, und nicht das Problem bekämpfen. Die Hobbygärtner unter euch wissen: Es nützt nichts, wenn ich Unkraut einfach auf Bodenhöhe abschneide, das treibt gleich wieder. Und genauso unsinnig ist es, wenn ich schlechte Gewohnheiten einfach unterdrücke, aber die Ursache nicht bekämpfe.

Bei Sünde (Dinge, die Gott nicht gefallen), ist es genau gleich. Ich kann krampfhaft versuchen, weniger zu sündigen. Ich kann mir jedes Mal selbst eine boxen, wenn ich einen schlechten Gedanken habe, ich kann ein Sparschwein kaufen, in das bei jedem bösen Wort ein Fränkler wandert. Ich kann mich drängen, ein gutes Leben zu führen, gute Tage mit Schokolade belohnen. Aber ich sag dir gleich, das wird nicht funktionieren. Irgendwo wird immer wieder neu Sünde hervorspriessen. Wenn du ein Leben leben willst, das Gott gefällt, musst du die Sünde bei der Wurzel packen und ausreissen.

In der Bibel steht, dass von sich aus kein Mensch in der Lage ist, ein Leben zu führen wie es Gott gefällt. Wir werden als Sünder geboren und sind quasi darauf programmiert, Fehler zu machen. Nur wenn wir ganz mit Gottes Geist erfüllt sind, wirds funktionieren, weil er uns dazu befähigt. What that mean? An Pfingsten sendete Gott den Heiligen Geist auf die Erde, damit er in jedem Platz nimmt, der Gott «im Herz aufnimmt». So wie die Schweiz eine Botschaft – quasi einen Vertreter in anderen Ländern hat, ist der Heilige Geist dann Gottes Ableger in mir. Und ich entscheide 1. darüber ob er überhaupt bei mir sein darf, und 2. wie viel Platz und Macht ich ihm gebe.

Ich hab das selbst schon so erlebt: Wenn ich krampfhaft versuche, nach Gottes Willen zu leben, geht das immer schief, egal wie sehr ich mich anstrenge. Wenn ich aber bete, Bibel lese, Beziehung zu Gott pflege, wächst etwas in mir. Ich merke regelrecht, wie der Heilige Geist, dieser Teil Gottes in mir, immer stärker und grösser wird. Er gibt mir nicht nur Mut, anderen von Gott zu erzählen, für Leute zu beten und Gottes Willen zu tun, sondern hält mich auch wirklich davon ab Mist zu bauen. Und auf die andere Seite, das ist auch Realität, merke ich auch, wie die Wirkung wieder verpufft, wenn ich die Beziehung zu Gott vernachlässige. Ich bin selber verantwortlich, wie viel Macht und Platz ich Gott in meinem Leben gebe. Mein Leben lebt sich auch dementsprechend.

Also: Sünde ist nicht die Ursache, Sünde ist die sichtbare Folge von einem Leben ohne Gott. Genau wie ich meine Schlaflosigkeit einfach mit Pillen in die Knie zwingen könnte, kannst du auch versuchen, die Sünde zu unterdrücken. Das ist anstrengend, ungesund, energieraubend und demotivierend. Und es behandelt das eigentliche Problem überhaupt nicht. Viel effektiver ist es, die Beziehung zu Gott zu suchen, ihm die Macht über das eigene Leben zu geben. Dann wird er von innen her dafür sorgen, dass es sich verändert.

Und damit ich nicht nur Wasser predige und… äh, Milch trinke, habe ich beim nächsten Mal den Wecker auch wirklich zehn Minuten früher gestellt. Hat geklappt.

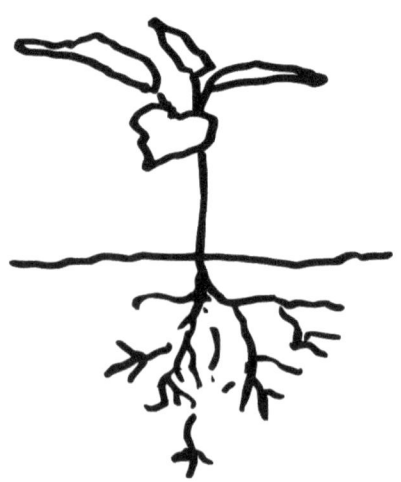

REGENSONNENWINTERHITZE

Es gibt viele Klischees über die Briten. Wildschwein mit Pfefferminzsauce zum Beispiel. Oder auch das schlechte Wetter. «In England hats immer Nebel, ausser wenn's regnet», besagt eine alte Asterix-Weisheit. Vor knapp drei Jahren war ich für fünf Wochen in England in einer Sprachschule, und durfte am eigenen Leib herausfinden, was an den Gerüchten dran ist. Erstaunlicherweise hatten wir alles in allem super Wetter, und trotzdem möchte ich dir geraten haben: Wenn du auf die Insel gehst, hab immer eine Regenjacke dabei.

Denn das Wetter mag im Vereinigten Königreich nicht ununterbrochen schlecht sein – aber wechselhaft ist es, und das extrem. Es regnet, du ziehst deine Jacke… Oh nein, die Sonne sche… Regen. Sonne. Warte nein, doch Regen. Und so den ganzen Tag. Es kann strahlender Sonnenschein sein. Keine einzige Wolke am Himmel. Und plötzlich schifft es wie zu Noahs Zeiten.

So ein unvorhersehbares Wetter macht Ausflüge natürlich etwas kompliziert. An einem freien Nachmittag wollte ich ans Meer, um den Kopf zu verlüften und die Natur zu geniessen. Wunderschönes Wetter. Ich lief frohen Mutes los. Nach fünf Minuten wurde der Himmel schwarz, und es goss wie aus Kübeln. Muss ich mir das jetzt wirklich antun? Soll ich vielleicht morgen wieder gehen? Ich war hin- und hergerissen. Am Ende entschied ich mich, weiterzulaufen. Und weisst du was? Es hat sich sowas von gelohnt. Genau als ich an die Küste kam, riss der Himmel auf. Den Rest des Nachmittags verbrachte ich an der Sonne, spazierte durch die Dünen – und das erst noch fast allein, weil sonst niemand so «blöd» war, bei Regen zum Strand zu laufen.

Wenn schon das Wetter in England unvorhersehbar ist – unser Leben ist es allemal. Da können sich Sonnen- und Schattenzeiten abwechseln im Tages-, vielleicht sogar im Stundenrhythmus.

Von Himmelhochtraurig zu Tiefjauchzend geht's manchmal innerhalb von Minuten. Wäre ich erst dann zum Strand, als es garantiert für fünf Stunden am Stück Sonne gab, ich wäre nie losgelaufen. Wenn du in deinem Leben darauf wartest, dass einfach alles perfekt ist, um irgendetwas anzupacken, dann wirst du es nie tun. Unser Leben ist so unvorhersehbar – es ist eigentlich unmöglich, dass man auf dem Weg nicht mal in einen Sturm gerät. Die Frage ist: Wie gehst du damit um? Gehst du zurück auf Anfang, und probierst es beim nächsten Sonnenschein von neuem? Oder gehst du auch durch die schwierigen Zeiten deinen Weg? Lustig ist das nicht immer. Besonders wenn man nicht weiss, ob/wann es wieder besser wird. Aber wenn du es durchhältst, dann wird es dir gehen wie mir am Strand. Plötzlich kommt die Sonne hinter den Wolken hervor, und alle Mühe hat sich gelohnt!

«Wer durchhält und den Sieg erringt, wird mit mir auf meinem Thron sitzen, so wie auch ich mich als Sieger auf den Thron meines Vaters gesetzt habe.»

Offenbarung 3:21

NO TIME TO SCHNURR

Auf den ersten Blick gibt es keinen Grund, meine Katze in irgendeiner Weise ernst zu nehmen. Sie heisst Lilifee. Ich meine – «Lilifee»!? Im Ernst? Wer kommt auf so nen kitschigen Namen? Aber damit nicht genug: Sie ist auch ein unglaublicher Schisshase, wenn man auch aus zehn Metern Entfernung einen Schritt auf sie zumacht, ist sie bereits auf der Flucht. Nein, auf den ersten – und auch den zweiten Blick gibt es nichts Beeindruckendes an dieser Mieze.

Aber wart nur, bis es Nacht wird. Da packt sie ihre Special Effects aus. Ich habe eine Vermutung: Mit echtem Namen heisst sie Lili Bond und ist Spezialagentin des Katzengeheimdienstes (KGD), Abteilung MI(AU)6. Ihr Fachgebiet ist das Öffnen von Türen – sie kriegt einfach alles auf. Als bei uns über Nacht dauernd Türen aufgingen im Haus dachten wir erst, das sei der Heilige Geist. Aber dann sahen wir, wie sie am helllichten Tag völlig selbstverständlich zu einer geschlossenen Zimmertür spazierte: Hochspringen, Türfalle drücken, mit dem Schwung gleich noch die Tür aufstossen – Agentin Lili kann eintreten. Wir waren fasziniert. Sie bringt Türen aber auch von der Innenseite her auf – da kann sie ja nicht einfach Stossen, da muss sie die Falle runterdrücken und ziehen (wie auch immer!?) Die schwere Wohnungstür hat sie auch bereits geknackt, ausserdem die Schränke im Wohnzimmer, die man drücken muss, damit sie aufgehen. Es gibt Gerüchte, sie hätte schon abgeschlossene Türen überwunden, wofür es allerdings keine Beweise gibt. Und wir warten eigentlich nur auf den Tag, an dem sie die Tür zum Meerschweinchengehege knackt. Jedenfalls: Hinter ihrem offensichtlich absichtlich unscheinbar gestalteten Cover verbirgt sich eine Katze mit grösstem Talent!

Darüber, wie Lili zu ihrem Wissen des Tür-öffnens gelangte, könnte man nun lange philosophieren. Die einfache Antwort ist:

Sie hat es uns Menschen abgeschaut. Sie hatte die Fähigkeit, uns zu beobachten zu verstehen, was wir tun und es dann zu kopieren. Natürlich musste sie es noch etwas ihren eigenen Fähigkeiten anpassen. Aber weisst du was? Wir Menschen lernen genau gleich. Babys/Kleinkinder schauen auch, wie es die grossen machen, und versuchen dann, dieses Verhalten nachzuahmen. So lernen wir laufen, schön essen, Schuhe binden, zeichnen, schreiben, Fahrrad fahren, die Liste liesse sich unendlich fortsetzen. Und zu guter Letzt können wir so auch lernen, ein Leben zu führen das Gott gefällt.

Wie jetzt? In dem wir andere Menschen kopieren? Nicht ganz. Klar, zu schauen wie andere Menschen ihren Glauben leben kann zwar auch nützlich sein. Aber da die meisten besser laufen können als eine Beziehung mit Gott zu führen, ist es vielleicht schlauer, sich das Verhalten bei dem abzuschauen, der Gottes Wille in Perfektion gelebt hat. Jesus hat sogar selbst gesagt (ungefähr, nicht wortwörtlich): «Wer mich anschaut und beobachtet, der erkennt darin Gott, der lernt so zu leben, wie es Gott gefällt.» Wenn du also Interesse hast Agent im Name seiner Majestät zu werden, mit Lizenz zum Lieben und Wunder-tun, dann schau wie Jesus gelebt hat, wie er gebetet hat, wie er gelehrt hat, wie er geholfen hat, wie er auch Leute zusammengeschissen hat. Und wenn du das suchst, dann wird das irgendwann auf dein Herz und dein Verhalten abfärben. Dann kannst du die verschlossensten Herzenstüren öffnen, genauso wie Agentin Lili Bond uns noch einige Male etliche Türen in der Wohnung öffnen wird.

GRENZENLOS KREATIV

Wieder einmal ist es Zeit für eine afrikanische Anekdote. Als unsere Familie in Afrika lebte war unser Spielzeugbestand dementsprechend limitiert. Im Vergleich zu den Einheimischen immer noch Überfluss, aber für Schweizer Verhältnisse doch etwas begrenzter. Immerhin, ein paar Playmobil und Legos hatten wir dabei. Aber nur ein Laptop für die ganze Familie, kein Internet im Haus, und nach zwei Jahren mal das erste Computerspiel. Selbsterklärend, dass wir erfinderisch sein mussten. Insgesamt waren wir drei Schweizer Kids im Dorf, und so haben wir uns unsere eigene Welt gebaut. Unsere Playmobilmännchen hatten eigene politische Gebiete, jeder hatte bei sich zu Hause seine Gesetze, usw. Die haben Schlachten gekämpft, Burgen gebaut, auch Drogen gedealt (egal, vergesst das schnell wieder) und irgendwann begonnen, Sport zu treiben.

Ich weiss gar nicht mehr, wie das anfing, wahrscheinlich sahen wir in so einem Playmobil-Prospekt die Fussballmännchen und wollten sie auch haben. Problem 1: Träumen ist erlaubt, aber kaufen kann man's halt nicht, wenn man fast 6'000 km von der Schweiz entfernt in einem Drittweltland wohnt. Immerhin, ein Männchen und ein Fussball bekamen wir mal von einem Bekannten geschickt, so war das Spielgerät vorhanden. Problem 2: Ein Fussballteam hat elf Männchen mit demselben Trikot, wir haben aber nicht elf Playmobil mit demselben Gwändli. Was also machen? Kaufen keine Option. Also haben wir aus Papier unsere eigenen Fussballtrikots gemacht, extra in der Zeitung abgeschaut wie die Originale aussehen. Ok, dass die Logos von Nike und Adidas nicht aufs gleiche Trikot gehören haben wir zuerst nicht gecheckt. Da gabs eine echte Industrie draus, und Krieg darum, wer nun wem die Trikots malen darf! Problem 3: Keine Regeln. Auch da weiss ich die Details nicht mehr, aber die entstanden mit der Zeit. An einem schönen Nachmittag kam eine Zündende Idee, danach konnten wir loslegen.

Die (damals noch Axpo-)Super-League wurde gegründet, zuerst mit drei Teams, später hatte jeder zwei (=6). In der ersten Meisterschaft gabs zwei Sieger wegen regeltechnischen Schwierigkeiten, danach lief der Spielbetrieb ungehindert. Ich war nebenbei auch (völlig unparteiischer) Reporter und hielt sämtliche Spiele in meiner eigenen Zeitung fest. Es gab eine EM, eine WM – nur mit europäischen Teams, aber was solls, WM tönt besser. Es war ein Riesengaudi, das könnt ihr mir glauben.

Und es hat mich und mein Leben weit über Afrika hinaus geprägt. Der Grund, dass ich heute FCZ-Fan bin kommt einzig und allein daher, dass mein Bruder damals GC als Team zugesprochen bekam, und ich mich (gezwungenermassen) mit Leib und Seele dem Stadtclub widmete. Inzwischen bin ich froh darum.

Aber auch meine Freizeit blieb davon beeinflusst. Nach der Rückkehr in die Schweiz erfand ich noch über 20 weitere Sportarten für die Plastikmännchen, in den Jahren 2012-15 fanden über 30 Tennisturniere statt (davon drei bei den Frauen), zwei Eishockey-Saisons, je einmal Olympische Sommer-, und Winterspiele und vieles mehr. Vielleicht sollte ich mich schämen, mit sechzehn Jahren, längst Kantischüler, allen Ernstes nach Schulschluss Playmobil gespielt zu haben, aber Scheiss drauf, ich habs gefeiert!

Ok, genug der peinlich-privaten Stories hier. Wofür erzähl ich das? Ob du kreativ bist oder nicht, kann verschiedene Gründe haben. Es ist sicher ein Stück weit Veranlagung. Aber zu einem grossen Teil entstehen kreative Ideen dann, wenn deine Möglichkeiten beschränkt sind. Wenn eben nicht alles nach deinem Guschti läuft. Ich glaube nicht, dass wir uns so viel Mühe gemacht hätten, eigene Spiele und Welten zu entwickeln, wenn wir einfach die ganze Zeit hätten FIFA zocken können. Wir hätten definitiv nicht unsere eigenen Trikots angefertigt, wenn wir einfach 11 gleiche Männchen hätten kaufen können. Natürlich hätten wir auch dann Playmobil gespielt, wir hätten auch dann verrückte Dinge mit ihnen angestellt. Aber es wären niemals in dem Masse neue Ideen entstanden, wenn wir nicht Grenzen gehabt hätten, die uns eingeschränkt haben.

Wir Menschen hassen es, wenn uns Grenzen gesetzt werden. Wenn wir nicht einfach alles bekommen, was wir grad möchten. Wenn wir mal ein, zwei Monate zu Hause eingesperrt werden, und sämtliche Treffen und Events abgesagt werden.

Ich möchte es als Chance sehen. Als Chance, kreativ zu werden. Neues zu entdecken. Neue Lösungsansätze zu finden. Neue Welten zu erschaffen. Wir können Grenzen als etwas Einengendes sehen. Oder wir können es als befreiend sehen, weil wir endlich mal wieder unser Hirn benutzen dürfen, um das Leben zu gestalten. Denn so viele Einschränkungen es auch geben mag: Deiner Kreativität sind keine Grenzen gesetzt!

ER-LEBT

Ok... ich gebs zu. Es ist ein billiges Wortspiel. Ich bin sicher auch nicht der Erste, der es verwendet. Und doch stimmt es: Wer lebt, der ist erlebbar. Und wenn er lebt, dann kann man ihn erleben!

Nun steht in der Bibel, dass er lebt. Er hat nicht nur das Ableben vor 2000 Jahren überstanden, er lebt auch jetzt noch. Steht in der Bibel. Wenn er aber lebt, dann ist er erlebbar! Freilich erlebt ihn nicht jeder gleich. Aber erleben kann man ihn, wenn er tatsächlich lebt. Wenn du also prüfen willst, ob er lebt, dann prüf, ob er erlebbar ist!

MENSCHENVERSTEHER

Wusstest du, was der kürzeste Vers der Bibel ist? (Google zufolge, ich habe nicht alle 31'171 (ungeprüfte Zahl aus Google) Verse der Bibel abgecheckt, um das zu kontrollieren)

Also, der kürzeste Vers der Bibel, also diesem ganzen dicken Buch, begonnen bei Adam und Eva, über David, die Propheten, Jesus, bis hin zur Offenbarung ist – Trommelgewirbel:

«Jesus weinte.»

Johannes 11,35

Ich war ganz ehrlichgesagt ziemlich erstaunt darüber. Dass ausgerechnet dieser Vers, den es nun wirklich nicht oft gibt, diesen Preis gewinnt.

Womöglich kannst du jetzt nicht direkt einordnen, was dieser Vers bedeutet. Und ich liefere gerne etwas Kontext, denn es ist eine der «schönsten» Geschichten der Bibel, wie ich finde. Sie steht im Buch Johannes, Kapitel 11. Lazarus, ein guter Freund von Jesus, ist krank. Jesus wartet ein paar Tage, dann macht er sich auf den Weg, um Lazarus zu besuchen. Unterwegs sagt er seinen Jüngern sogar: «Lazarus ist gerade gestorben. Aber ich werde ihn jetzt wieder lebendig machen gehen.» Und dann kommt er an. Lazarus ist seit drei Tagen tot. Seine Schwestern kommen, weinen um ihren Bruder. Überall im Dorf trauern Menschen um ihren Verwandten, Bekannten. Und Jesus sieht diese Trauer, dieses Leid, und es steht, dass er erschüttert war darüber. Und dann das: Jesus weinte.

Männer sind nicht gut im Weinen. Jesus war auch nicht gerade eine Heulsuse. Als die Tochter von Jaïrus starb (Mk 5) stauchte er die trauernden Nachbarn regelrecht zusammen. Aber in diesem Moment war auch er so bewegt, erschüttert über den Tod seines Freundes und über das Leid in seiner Familie. Und das, obwohl er bereits wusste, dass er Lazarus gleich wieder aufer-wecken würde. Das finde mega spannend: Jesus hätte auch kommen können und sagen: «Hey Leute, ich erweck den ja gleich wieder zum Leben, hört auf zu weinen! Macht euch be-reit, gleich seht ihr eines meiner krassesten Wunder!» Aber das tat er nicht. Er sah das Leid, und er war erschüttert, und er weinte.

Oft haben wir das Gefühl, bei Jesus habe nur Friede-Freude-Ei-erkuchen geherrscht. Da wurden Kranke geheilt, da wurde ge-predigt, Brot vermehrt, Stürme gestillt… Und irgendwie scheint dieser Mann so unnahbar, so weit weg vom eigenen Leben. Aber hier zeigt sich wie an wohl kaum einer anderen Stelle, wie sehr Jesus Mensch war. Er sah das Leid. Und er sah es nicht einfach als Chance für das nächste Wunder. Das tat er zwar auch – ich glaube für Jesus war alles Leid immer eine Möglichkeit, Gottes Grösse zu zeigen. Aber gleichzeitig war er erschüttert, und weinte über das Geschehene.

In der Bibel steht, dass wir durch Jesus Gottes Wesen sehen. Und hier zeichnet sich das Bild eines Gottes, der uns versteht. Wenn du weinst – du musst dich nicht unverstanden fühlen. Je-sus hat auch geweint. Er hat erleben müssen, wie gute Freunde von ihm starben. Und obwohl er wusste, dass es ein Happy Day werden würde, war er einfach nur traurig. Wie viel mehr dürfen wir da traurig sein, wenn Leid über uns kommt. Gott denkt sich dann nicht: «Du Kleingläubiger, hab etwas mehr Vertrauen!» Im Gegenteil, ich glaube er versteht sehr gut, was in dir vorgeht.

Ich hab mal folgenden Lebensbericht gehört: «Als Kind betete ich, dass Gott meinen Vater vom Alkohol befreit. Das ist nicht passiert, er ist daran gestorben. Aber gerade da fand ich als Kind Trost bei Jesus. Schliesslich wurde sein Gebetsanliegen auch nicht erhört, als er vor der Kreuzigung bat, Gott möge ihn ver-schonen (z.B. Matthäus 26,39).» Jesus weiss, wie es sich anfühlt, wenn Leute sterben. Jesus weiss, wie es sich anfühlt, gemobbt zu werden. Er weiss auch, wie es ist, wenn Gott mal ein Gebet nicht erhört. Jesus hat getrauert, gefürchtet, gelitten. Er hat all das erlebt. Du stehst in deinen Nöten nicht einem Gott auf ganz anderem Level gegenüber. Sondern einem Gott, der dich bis ins tiefste Innerste versteht.

VORZEIGECHRIST?

Eines Morgens im Zug, im Abteil hinter mir: «Ich hab so ein neuer Kunde. Ist Pfarrer, hat er mir auch gross erzählt und so… Aber dann seh ich heute Morgen die Mails, die der mir schreibt – und das passt für mich sowas von nicht zusammen. Das ist einfach unglaublich!» Darauf der andere: «Genau das hasse ich so an der Kirche!»

Ich bin dann in meinem Sitz etwas tiefer gerutscht. Es war schmerzhaft sowas zu hören. Und ich verstand sehr gut, dass diese zwei Typen mit der Kirche nicht allzu viel am Hut haben, wenn die Christen, die sie treffen, so gar nicht christlich agieren.

Es ist halt ein bisschen eine Medaille mit zwei Seiten. Auf der einen Seite sind Christen Menschen. Wie jeder andere. Da gibt's keine Ausnahme. Ich bin ein Mensch, du, der du diesen Goodie liest, bist ein Mensch, der Pfarrer, der Jungschileiter, sogar der Papst in Rom – alles Menschen. Und Menschen haben die Eigenschaft, Fehler zu machen. Ziemlich oft sogar. Das ist kein Gratisticket in die Hölle, sondern einfach eine normale menschliche Tatsache.

Auf die andere Seite sind wir als Christen Botschafter. Botschafter für den Gott, an den wir glauben. Botschafter für die Hoffnung, für das Geschenk, an das wir glauben. Und unsere Mitmenschen beobachten uns, besonders wenn wirs mit 4-Points-Bändeli, Blessed- und LYN-Shirts und weissnichtwas herausposaunen. Und wenn sie sehen, dass wir, die wir uns «Christen» nennen, einen Dreck von jedem anderen Menschen unterscheiden, dann müssen sie zum Schluss kommen, dass der Glaube ihnen absolut keinen Mehrwert im Leben gibt.

Vielleicht kann man es damit vergleichen: Ich hab kein eigenes Auto, fahre also mit dem Firmenauto meines Vaters rum – inkl. Beschriftung. Und als ich kurz nach der Prüfung erstmals alleine durch die Gegend fuhr, am Kreisel manchmal noch den Motor abwürgte oder sonst den Feierabendverkehr störte, da wurde mir klar, dass ich dabei immer mit dem Firmenschriftzug meines Vaters rumkurve und Leute nerve. Und glaub mir, ich hab mir alle Mühe gegeben, keinen Fehler zu machen. Denn was du nicht willst, ist ein Foto von deinem zertrümmerten Wagen auf der Frontseite der 20 Minuten, schön erkennbar mit der Werbung der Firma deines Dads.

Genauso ist es auch mit Gott. Als Christ bin ich immer auch Werbeträger seines Namens (oder sagen wir Botschafter, denn Gott braucht keine Werbung). Die Leute sehen, wie ich mich verhalte, und sie werden danach nicht nur mich, sondern im Endeffekt auch meinen Glauben bewerten.

Was heisst das nun? Darf ich keinen Fehler mehr machen im Leben? Nein, natürlich nicht. Ist ja auch gar nicht möglich! Aber schaus so an: Ein Fluchwort, ein dummer Spruch fällt ja jedem mal aus dem Mund. Daran wird mich keiner zugrunderichten. Aber wenn einer mich kennt, und ich bin der grösste Rassist, der frechste und egoistischste Mensch, dem er je begegnet ist, dann wird er sich fragen, was ich genau glaube. Wenn ich nicht mal versuche, meinen Mitmenschen zu lieben, sondern im Gegenteil zu den grössten Mobbern meiner Klasse gehörst, dann wird sich mein Kollege doch fragen, für was «Love Your Neighbour» in meinem Leben genau steht. Und zu guter Letzt sieht man meiner Meinung nach auch einen Unterschied, wie wir mit Fehler umgehen. Spielen wir es herunter? Oder stehe ich ehrlich dazu, im Wissen, dass Gott vergibt, wenn ich meine Taten bereue? Und vergebe ich anderen ihre Fehler?

Menschen machen Fehler. Ob beim Autofahren oder ganz allgemein. Ich als Christ hab sogar den Vorteil, dass ich weiss, dass Gott mir all diese Vergehen vergibt, wenn ich sie ehrlich bereue. Aber wenn wir Arschlöcher sind und in vollem Bewusstsein Mist reden oder bauen, dann ziehen wir damit nicht nur uns, sondern auch Gottes heiligen Namen in den Schmutz. Und das muss uns bewusst sein. Nun könnte man einfach immer eine christliche Maske anziehen, wenn man das Haus verlässt. Aber besser ists, ich bitte Gott darum, dass er mich verändert und ich durch ihn ein Leben leben darf, das ihn ehrt. Dann wird der Rest ganz von allein kommen.

VON GUTEN MÄCHTEN

Mit Lieblingssongs ist das ja so eine Sache. Was ist schon ein «Lieblingssong»? Ich meine, je nach Stimmung und Zweck kann ein Lied sehr gut oder aber sehr schlecht sein. Und trotzdem würde ich behaupten, dass ich einen habe. So ein bestimmtes Lied, das mich einfach jedes Mal berührt. Ich bin nicht immer in Stimmung, um es zu hören (es ist absolut kein Stimmungsbooster), aber es bewegt mich, es macht etwas mit mir.

Wenn du dir jetzt das Lied «Von guten Mächten» anhören würdest – ich denke es würde dich nicht gross vom Hocker reissen. Es ist ein altes Lied, Text von 1944, Melodie von 1970. Auch ich fand es einfach ganz ok, bis ich die Hintergrundgeschichte hörte.

«Von guten Mächten» ist ein Gedicht von Dietrich Bonhoeffer. Er war ein evangelischer Pfarrer und offener Kritiker des Naziregimes im dritten Reich. Deshalb wurde er 1943 ins Gefängnis geworfen. Und das heisst nicht nach heutigen Standards, einen orangen Kittel anziehen und Fernseher im Zimmer, das war zu einer Zeit von unmenschlichster Behandlung. Stell dir eine Corona-Virus-Quarantäne vor, aber ohne Handy und Fernseher, einfach du in einem Raum, zu wenig zu essen und die Gewissheit, dass am Ende höchstwahrscheinlich der Tod auf dich wartet

Und vor diesem Hintergrund schreibt Bonhoeffer diese Zeilen:

> «Von guten Mächten wunderbar geborgen,
> erwarten wir getrost, was kommen mag.
> Gott ist bei uns am Abend und am Morgen
> und ganz gewiss an jedem neuen Tag.»

Wenige Monate später wird er in ein KZ verlegt, am 9. April 1945 wird er gehängt. Der SS-Lagerarzt erzählt später: «Durch die halbgeöffnete Tür eines Zimmers im Barackenbau sah ich [...] Pastor Bonhoeffer in innigem Gebet mit seinem Herrgott knieen. Die hingebungsvolle und erhörungsgewisse Art des Gebetes dieses außerordentlich sympathischen Mannes hat mich auf das Tiefste erschüttert. Auch an der Richtstätte selbst verrichtete er noch ein kurzes Gebet und bestieg dann mutig und gefasst die Treppe zum Galgen. […] Ich habe in meiner fast 50jährigen ärztlichen Tätigkeit kaum je einen Mann so gottergeben sterben sehen.»

In der Kanti haben wir viel über die Zeit des Nazi-Regimes gelernt. Wir hatten auch einen Besuch im KZ Dachau. Die Geschichten vom Elend dieser unschuldigen Menschen sind echt zum Heulen. Es ist mir absolut unverständlich, wie Menschen anderen Menschen so etwas antun können. Und in diese Ungerechtigkeit, in dieses Leid, in diese schreckliche Zeit hinein schreibt Bonhoeffer diese Zeilen:

> «Und reichst du uns den schweren Kelch, den bittern
> des Leids, gefüllt bis an den höchsten Rand,
> so nehmen wir ihn dankbar ohne Zittern
> aus deiner guten und geliebten Hand.»

Mich haut das um. Ich kann das nicht in Worte fassen. Dieser Mann lebte unter Umständen, da wird mir nur schon beim dran denken schlecht. Aber er? Er hat eine solche Zuversicht. Keine Wut, keine Rache, keine Angst vor dem was unausweichlich kommen wird. Sondern ein unerschütterliches Gottvertrauen. Wie kann ein Mensch, der gerade solche Zeiten erlebt, sagen: «Gott ist gut zu mir, er behütet mich»? Wie geht das? Müsste er nicht viel eher wütend sein mit Gott? Zweifeln? Irgendwas? Mich überfordert dieses Lied jedes Mal aufs Neue. Weil es der schriftliche Beweis für den schier übermenschlichen Glauben dieses Mannes war. Und wenn ich mir eines wünsche, dann ist es, dass ich nur zehn Prozent von seinem Gottvertrauen haben darf. Dass ich einst einen solchen Glauben entwickeln darf, dass mir selbst die grausamsten Verbrecher der Geschichte nichts mehr anhaben können.

«Von guten Mächten» mag ein altes Lied sein, mit alten Worten, von einem toten Autor. Aber sie sind gefüllt mit so viel Bedeutung und Macht, dass mir dieses Lied mehr gibt als alle anderen zusammen. Es ist wie eine Art Kompass, welcher mir hilft, meine eigenen Probleme etwas in Kontext zu setzen, und gleichzeitig ein riesiges Vorbild im Glauben geworden ist.

DIE GRETAFRAGE

Disclaimer: Dieses Thema ist nicht heilsentscheidend. Aber ich glaube es ist wichtig, dass wir Christen uns auch mit aktuellen Weltthemen beschäftigen.

Fragte Gretchen zu Goethes Zeiten noch «Nun sag, wie hast du's mit der Religion?», so steht unsereiner heute vor der Gretafrage – Nein, ich meine nicht «How dare you?» sondern: «Wie hast du's mit dem Klimawandel?» Und die Frage sei berechtigt, was sagt uns die Bibel denn, wie wir mit all den Themen umgehen sollen, mit der Netto-Null, Flugticketabgaben und Fridays for Future?

Ich muss fairerweise sagen, dass es dazu auch im Christlichen Chrüsimüsi tausend unterschiedliche Ansichten gibt, ich versuchs hier mal mit meiner Meinung.

Dafür starte ich ziemlich am Anfang der Bibel. Bereits im ersten Kapitel setzt Gott die Menschen als Verwalter über die Erde ein:

> Dann sprach Gott: «Lasst uns Menschen machen als Abbild von uns, uns ähnlich. Sie sollen über die Fische im Meer herrschen, über die Vögel am Himmel und über die Landtiere, über die ganze Erde und alles, was auf ihr kriecht!»
>
> 1. Mose 1,26

Wir haben diese Erde, die Pflanzen, die Tiere, von Gott bekommen. Wir dürfen über sie herrschen, das bedeutet, wir bestimmen wie's läuft, wir sind aber auch dafür verantwortlich, dass es allen gut geht, wir sollen der Schöpfung Sorge tragen. «Herrschen» bedeutet z.B. auch, Fleisch essen zu dürfen – es wird nach der Sintflut, in 1.Mose 9,3 ausdrücklich erlaubt. Auf der anderen Seite bedeutet «Sorge tragen», dass wir Tiere nicht wie Dreck behandeln und zu tausenden in Käfige sperren.

Wir sind Verwalter dieser Erde. Auch Jesus braucht das Wort Verwalter immer wieder. Er will, dass wir mit unseren Talenten, unseren Fähigkeiten, dem uns Anvertrauten sorgsam umgehen, es wertschätzen und vermehren. Immer wenn Jesus vom Verwalter spricht, dann ist die Botschaft: Verschwende nicht, was du bekommen hast! Geh sorgsam damit um! Schau, dass es einen Nutzen bringt, schau, dass es sich vermehrt.

Das heisst zum Beispiel, dass ich meine Gaben nicht einfach verstecke und unterdrücke, sondern stolz darauf bin, und sie für Gottes Reich einsetze. Es heisst aber eben auch, dass ich mich um die Erde kümmere, schaue, dass es den Tieren und Pflanzen gut geht, dass Gottes Schöpfung erhalten wird.

Ob du diese Aufgabe zur Genüge erfüllst, musst du am Ende selbst wissen. Du musst nicht links und rechts schauen, ob Konzern XY, Greta T oder Kumpel Mustermann seine Pflicht richtig erfüllt, du musst dein Verhalten, deinen Umgang mit der Schöpfung vor Gott verantworten können. Ich glaub wenn wir das durchziehen, dann sieht's auf der Welt schon bald sehr viel besser aus.

Falls dich das Thema interessiert, gibt es passend dazu eine tolle Podcastfolge der EMK Aarau. Dort wird das Thema noch etwas tiefer behandelt, und sie haben sich sehr viele Spannende Gedanken zum Thema Nachhaltigkeit, Klimawandel und die Rolle der Christen darin gemacht! Du findest sie unter dem QR-Code.

WENN GROSSE CHRISTEN SCHEI-TERN

Auf meinem Nachttisch liegt ein Buch – «Die Kunst des Führens» heisst es. Auf dem Klappentext wird der Autor Bill Hybels in höchsten Tönen gelobt: «Vergessen Sie alles theoretische Wissen über Führung und lesen Sie dieses Meisterwerk.» oder «Lernen sie von einer herausragenden Führungskraft.» und zu guter Letzt «Bill Hybels zählt zu den einflussreichsten Leitern unserer Zeit. Seine Ausführungen enthalten tiefe Weisheiten, die Sie sich nicht entgehen lassen sollten.»

Das Buch erschien 2008, im Februar 18 habe ich es geschenkt bekommen. Nur wenige Wochen später kamen erste Gerüchte auf, dass sich Hybels an Frauen vergriffen habe. Heute, zwei Jahre später, gelten diese Anschuldigungen auch in Kreisen der Gemeinde als glaubwürdig, er selbst ist zurückgetreten. Und ich sitz hier mit diesem Buch und frage mich: Kann ich das, was darin steht, noch ernst nehmen?

Was heisst es, wenn solche Leute scheitern? Immer wieder kommt heraus, dass irgendein Leiter der Kirche sein Amt aufs Gröbste missbraucht hat. Meistens hats mit Geld oder Frauen zu tun. Ein Mensch, der zuvor über Jahrzehnte hinweg tausende von Leuten erreicht hat mit seinen Predigten, der viel Gutes getan hat. Einer auch, der über Busse und Umgang mit Sünde viel geredet und geschrieben hat. Und dann kommt heraus, dass er selbst überhaupt nicht mit diesen Dingen umgehen konnte. Wie kann ich da seine ganze Arbeit, seine Lehren noch ernst nehmen? Sind sie nicht viel eher gefährlich? Was heisst das denn für meinen Glauben im Allgemeinen? Eine Antwort hab ich nicht. Ich kann nur ein paar Ansätze nennen, die ich für mich gefunden habe in diesem Gedankenprozess.

Erstens: Jeder Mensch, der dir von Jesus erzählt, bleibt ein Mensch. Und Menschen machen Fehler. Deshalb darfst du deinen Glauben nicht auf den Menschen bauen, der dir von Jesus erzählt, sondern du musst deinen Glauben auf Jesus setzen. Tönt jetzt komisch, vielleicht so: Wenn dein Glaube nur davon abhängt, wie irgendein Mensch lebt und was er dir erzählt – was machst du dann, wenn dieser Mensch versagt? Ist dann dein Glaube ein Irrtum? Ist dein Leben dann eine Lüge? Wir müssen aufpassen, dass wir nicht an einen Prediger glauben, sondern an Gott. Wir können uns von Menschen inspirieren lassen, keine Frage. Aber Menschen sollten nicht unsere Vorbilder sein. Denn wenn dieser Mensch dann doch nicht so heilig war, wie du dachtest, was wird dann aus deinem Leben und deinen Werten? Deine Werte, deine Ideale, dein Glaube, dein Vorbild, das muss am Ende Jesus sein.

Zweitens: Nur weil ein Mensch einen Fehler macht, ist nicht alles was er je tat und sagte falsch. Man stelle sich z.B. vor, ich käme in zehn Jahren vom Glauben ab und werde zu einem grausamen Diktator (hoffen wir's nicht, auch wenn ich die Veranlagung definitiv in mir habe) – Macht es dann Sinn, alles was ich heute sage und schreibe, für falsch zu erklären? Ich glaube es wäre ein unnötiger Verlust, wenn man alles Wissen eines Menschen einfach wegwirft, nur weil er in einem Bereich seines Lebens einen schlimmen Fehler gemacht hatte. Jesus sagte zum Beispiel auch über die Pharisäer: «Tut und befolgt also alles, was sie euch sagen, aber richtet euch nicht nach ihren Taten; denn sie reden nur, tun es aber nicht.» (Matthäus 23,3) Man kann also durchaus kluge Dinge reden, auch wenn man sie selbst nicht umsetzt. Trotzdem muss ich mich natürlich fragen, wie in diesem Fall Bill Hybels über Busse und Leiterschaft nach Gottes Willen reden kann, wenn er es selber nicht lebt.

Und drittens, das finde ich das Wichtigste – es gilt eigentlich für alle Bereiche im Leben, ganz besonders aber auch fürs MeToo-Movement und den Umgang mit (Macht-)Missbrauch: Über solche Sachen kann man nicht in fünf Minuten urteilen! Es gibt einfach Dinge im Leben, die kann man nicht mit einem Twitter-Post in zwei Sätzen verarbeiten. Solltest du je an einen Punkt kommen, an dem du von einem (geistlichen) Leiter bös enttäuscht wirst, dann mach bitte kein Kurzschlussurteil. Sprich ihn nicht leichtgläubig frei, das hat die Gemeinde von Hybles zuerst gemacht und musste dann beschämt zurückkrebsen. Aber verurteile auch nicht leichtsinnig, und denke sorgfältig darüber nach, was du mit dem Gelernten nun machst! Du wirst nicht immer auf die gleiche Antwort kommen. Aber es ist wichtig, dass es eine gut durchdachte Antwort ist.

So werde ich wohl noch eine Weile mit der «Kunst des Führens» und ihrem Autor Bill Hybels ringen. Und ich werde definitiv bei jedem Satz den ich lese im Hinterkopf behalten: Ein gutes Buch macht keinen heiligen Autor.

KEIN FAN VON FANS

Fans. Was wäre die Welt ohne sie? Nie fiel das so krass auf wie in den Corona-Monaten. Ein leeres Stadion wirkt einfach nicht so cool wie ein überfülltes mit kochenden Emotionen. Fans können pushen, Fans feuern an. Manche Fans sind Idioten, aber die meisten sind der Hammer. Spieler sorgen für die aufregenden Momente, aber die Fans geben die Atmosphäre. War ja cool, als Liverpool gegen Barca ein 0:3 drehte. Aber der Moment, als sie nach dem Spiel vor der Fankurve stehen und «You'll never walk alone!» singen, der sorgt für feuchte Augen.

Fans sind der Hammer. Ich hab das selber nur einmal so richtig erlebt, aber dafür so richtig richtig. Als wir in der BESJ-Unihockey-Schweizermeisterschaft im Final standen. Und die ganze Halle uns angefeuert hat, einfach weil das andere Team das unbeliebteste des Turniers war. Und dann haben wir gewonnen. Schweizer Meister (inoffiziell natürlich) – und alle haben mit uns gefeiert.

Fans. Weisst du, wer sie absolut nicht ertrage konnte? Kleiner Tipp: Es ist die immerrichtige Sonntagschulantwort. Genau: Jesus. Hä was? Ja genau: Jesus hatte auf Fans überhaupt keinen Bock.

Jesus war von Fans umgeben. Von Leuten, die ihm nachgesprungen sind, und ein Selfie wollten. Die sagten: «Heii Jesus, ich bin dein grösster Fan! Kannst du mir vielleicht ein Wunder tun, damit ich allen davon erzählen kann was ich Krasses erlebt habe?» Und andere kamen und sagten: «Uee Jesus, du bist so cool, darf ich mit dir im Tour-Bus unterwegs sein?» Und Jesus reagiert einfach immer gleich darauf: Abweisend. Er will keinen Hype um seine Person, und schon gar nicht um seine Wunder. Er braucht keine Leute, die ihm nachrennen, solange er der Star ist, und ihn fallen lassen wenn's ernst wird.

Jesus will keine Fans. Jesus will Spieler. Leute, die ihm nicht einfach nachjubeln, sondern die seinen Auftrag verstehen und für sein Reich kämpfen gehen. Er braucht nicht Menschen, welche Nächstenliebe ein cooles Konzept finden, er braucht Menschen, welche Nächstenliebe leben.

Und wenn ich mal darüber nachdenke, macht das auch Sinn. Was nützt es dir, wenn tausend Fans zu einem Spiel reisen, aber die Spieler sind nicht da? Ein Fan kann jubeln, anfeuern, motivieren – aber er wird nie ein (reguläres) Tor schiessen. Jesus braucht keine Leute, die ihn anfeuern, er weiss selber was für ein toller Typ er ist. Er braucht Leute, welche bereit sind, krampfen zu gehen, welche bereit sind, sich abzurackern, um Gottes Reich auf dieser Welt gross zu machen.

Prüf dich selbst. Wo bist du schon Spieler, und wo bist du noch Fan? Versteh mich richtig: Spieler können immer noch Fans sein. Die sympathischsten Spieler sind meiner Meinung nach diejenigen, welche ihr Leben lang Fans ihres Klubs bleiben. Und auch wir sollen nicht einfach Angestellte von Jesus sein. Wir sind seine Freunde, wir haben Beziehung, wir sollen ihn lieben, wie er uns liebt. Und doch gibt es so viele Situationen, da bin ich einfach nur ein wundergeiler Fan, der niemals bereit wär, selbst ein Finger zu krümmen. Da muss ich mich an der Nase nehmen und sagen: Ich will kein Fan sein! Ich will mich in die Mannschaft spielen.

ICH BIN EINE MISTEL

Misteln. Misteln sind Pflanzen. Ab und zu werden sie von einem Gallischen Druiden geerntet, um seinem Zaubertrank die magische Wirkung zu verleihen. Misteln sind Parasiten. Eine Mistel ist eine Art Strauch, sie wächst aber nicht auf der Erde, sondern auf einem Baum. Dort macht sie sich fest, verankert sich, schlägt Wurzeln, und bezieht (klaut) dann sämtliche Nährstoffe direkt vom Baum, auf dem sie wohnt. Als ich vergangenen Winter durch den Wald lief, und die immergrünen Büsche auf den winterlich kahlen Bäumen sah, da kam mir in Erinnerung, dass ich genau das sein soll: Eine Mistel auf einem Baum.

Nun wirst du dich vielleicht etwas wundern, aber ich erklär dir gern warum: Genau wie eine Mistel nicht selber Wurzeln im Boden schlägt, sondern den Baum braucht und sich von ihm abhängig macht, so muss auch ich nicht von alleine ein megakrasstoller Typ sein, der alles richtig macht, sondern soll mich an Jesus festklammern und meine Energie bei ihm holen. Wir Menschen sind nicht dazu gemacht, Gott zu spielen und darin unsere Bestimmung zu finden. Wir sind gemacht, um auf Gott aufzubauen und aus ihm die Kraft zu schöpfen, um tolle Sachen zu machen, um zu blühen, um Frucht zu tragen.

Jesus hat das mit einem anderen Beispiel aus der Pflanzenwelt erzählt. Denn in Israel gibt's soweit ich weiss keine Misteln, aber Trauben gibt es, und so hat Jesus sich dort bedient.

«Ich bin der Weinstock, und ihr seid die Reben. Wer mit mir verbunden bleibt, so wie ich mit ihm, der trägt viel Frucht. Denn ohne mich könnt ihr nichts ausrichten.»

Johannes 15,5

Es ist wieder dasselbe Prinzip, was Jesus hier erklärt. Wir können uns nicht selbst in den Himmel retten, wir können nicht aus uns heraus ein Leben führen, das Gott gefällt, und mit dem wir anderen Menschen dienen können. Ich hab's schon probiert, scheitere aber für gewöhnlich kläglich. Und wenn man mal auf einen Rebberg geht, die knorrigen dicken Weinstöcke und die dünnen Reben sieht, dann wird einem sofort bewusst, dass die Reben allein absolut nix machen könnten. Wenn eine Rebe entscheiden würde, dass sie von nun an allein auf dem Boden wachsen will (was sie natürlich nicht kann, weil Reben keine Meinungsfreiheit haben #FreeReben), dann würde sie kläglich scheitern, genauso wie eine Mistel nicht dazu gemacht ist, selber Wurzeln im Waldboden zu schlagen.

Du musst nicht deinen Baum stehen, alles selbst schaffen. Dock einfach am Jesusbaum an, und schau zu, dass du fest in ihm verwurzelt bleibst. Dort wirst du am Ende die Nährstoffe bekommen, welche du wirklich für dieses Leben brauchst. Sei ein Parasit, bedien dich rücksichtslos bei Jesus. Denn während die Bäume sicher nicht allzu viel Freude an ihren ungebetenen Nutzniessern haben, ist Jesus gerne bereit, dich, deine Sorgen, deine Freuden und alles andere zu tragen, und dir zu geben was du brauchst, weil ihm nie die Puste ausgeht.

WARUM, GOTT!?

Ok, das wird jetzt ein spannender Goodie. Ich weiss nämlich auch noch nicht genau wie er ausgeht, aber ich möchte ihn einfach mal so nehmen, wie er kommt. Ich las heute in der Bibel Josua 6 und 7. Wenn du Zeit und Lust hast, kannst du die Kapitel gerne selber kurz lesen, ansonsten hier eine kurze Zusammenfassung: Die Israeliten kamen gerade aus Ägypten (also sie liefen noch 40 Jahre im Kreis, aber egal) und standen nun vor Jericho, der ersten Stadt, die sie einnehmen sollten. Da mussten sie ein paar Mal drum rumlaufen, bis die Stadtmauern von selbst einstürzten. Und Gott gab ihnen die klare Anweisung: «Nehmt euch keine Beute!» Klar und simpel. Erstaunlicherweise halten sich fast alle daran. Nur einer nicht. Da wird Gott wütend und droht, das ganze Volk zu zerstören, falls sie den Schuldigen nicht umbringen. Also finden sie heraus, wer der habgierige Typ war. Dann nehmen sie ihn mitsamt seiner Frau und Kindern gefangen, schleppen sie in ein Tal und steinigen die ganze Familie. Und Gott ist wieder zufrieden.

Ich las das heute Morgen, sass auf meinem Bett und verstand einfach nix. Nein, ich verstand Gott nicht. Wie kann das sein? Gott, wie kannst du verlangen, dass sowas passiert!? Ich meine – dass der Schuldige umgebracht wird – ok. Das ist aus heutiger Sicht nicht mehr vertretbar, war aber damals normal. Gott hat gehorsam verlangt, er hat Wunder vollbracht, und dieser Typ hat ihn aufs gröbste missachtet. Deshalb muss er sterben. Da komm ich noch mit. Aber seine Kinder, da hats mich fast gekehrt. Die Vorstellung, die einfach mit ihrem Vater zusammen gefesselt, in ein Tal gebracht und dann so lange mit Steinen beworfen werden, bis sie tot sind – ich weiss auch nicht, mir treibt die Vorstellung Tränen in die Augen, ich kann das nicht verstehen, ich kanns nicht akzeptieren. Unschuldige Kinder. Sie haben nix gemacht. Was können sie dafür, dass ihr Vater ein Idiot ist?

Gott, wo ist da deine Gerechtigkeit, wo ist diene Liebe, wo ist alles was ich von dir zu wissen glaube?!

Gerne würde ich jetzt schreiben: «Aber dann redete Gott zu mir und plötzlich verstand ich, dass blablabla…» Aber ganz ehrlich – nein. So ist es nicht. Ich schreibe diesen Text und ich weiss beim besten Willen nicht, wie ich diese Geschichte einordnen, verstehen oder akzeptieren soll.

So, und jetzt weiss ich auch nicht genau, wohin damit. Wie gehst du mit diesen Momenten um? Hattest du überhaupt schon mal einen solchen Moment? Wo Gott einfach keinen Sinn ergab? Mir ist wichtig, dass ich diese Fragen nicht einfach unterdrücke. Ich glaube, einfach weiterzugehen und zu sagen: «Gott wird sich schon was überlegt haben», das wäre fahrlässig, wenn nicht sogar gefährlich. Wenn er sich etwas dabei überlegt hat, dann will ich das wissen und verstehen! Hab ich eine falsche Vorstellung von Gott? Und gleichzeitig muss ich mir aber auch eingestehen, dass es Dinge gibt, welche mir zu hoch sind. Dass Gott manchmal Entscheidungen trifft, welche ich vielleicht erst im Himmel verstehen werde.

War es Gottes Wille, dass die Kinder mit umgebracht werden, um ein Exempel zu statuieren? Oder wollte er das gar nicht, und die Israeliten haben es in ihrer Geschichtserzählung einfach so dargestellt? Es gibt noch viele weitere Erklärungsversuche für diese Geschichten in der Bibel. Bis jetzt kam keiner, der mich abschliessend überzeugt hat. Es bleibt dabei: Ich versteh Gott in dieser Situation nicht. Aber ich bin mir sicher, dass es einen Sinn hinter dieser Geschichte gibt. Wie auch immer der aussieht – es gibt ihn. Und ich möchte ihn gerne eines Tages erkennen, und Gott besser verstehen können.

Mir ist einfach wichtig, dass du weisst: Manchmal gibt Gott keinen Sinn. Aus unserer Sicht. Das geht auch dem grossartigen

Goodieschreiber so, der scheinbar zu allem eine Tube Senf und eine simple Erklärung im Kühlschrank hat. Nein, ich versteh absolut nicht alles, was Gott tut. Manchmal kann ich einfach sagen «ok, hab ich nicht verstanden, aber Gott wird sich schon was überlegt haben.» Und manchmal verfolgt es mich, und ich frage mich, was ich an der Situation nicht verstehe, wo ich Gott nicht verstehe. Es stellt für mich nicht Gott allgemein in Frage, auch nicht zwingend den «liebenden Gott». Aber die Art wie ich ihn sehe und kenne, die schon.

Es ist ok, dass ich Gott nicht immer checke. Aber ich möchte dann nicht einfach abhaken und wieder über einfachere Themen reden, sondern irgendwie auch versuchen einen Sinn hinter diesen Geschichten zu entdecken.

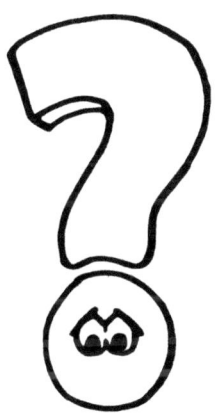

SHAME ON HIM

Ich weiss nicht, wie es dir geht. Aber wenn ich etwas mache, wovon ich weiss, dass es Gott missfällt, seien es verletzende Worte, Moglereien, Lügen usw., dann kommt sehr schnell dieser Moment der Scham. Der Moment, in dem ich mich schäme für das, was ich getan habe, und vor der Wahl stehe, was ich damit tue. Soll ich damit zu Gott, oder soll ich auf Distanz mit Gott?

Es ist wirklich spannend, ich weiss nicht, ob du das schon mal so erlebt hast. Aber manchmal produzier ich Scheisse, und plötzlich ist irgendein Worshipsong in meinem Hirn. Und ich spüre, wie mich der zu Gott hinziehen will. Aber gleichzeitig weiss ich, dass ich Gott gerade verletzt habe, oder zumindest in seinen Augen schuldig geworden bin. Und dann steh ich vor der Wahl.

Viel zu oft versink ich in Scham. Und gehe auf Distanz mit Gott. Nein, Dad, ich will jetzt lieber nix mit dir zu tun haben, wir wissen beide, dass ich Scheisse gebaut habe! Und dann schau ich ein Video auf YouTube oder höre Musik, Game vielleicht ein bisschen, ich räum sogar mein Zimmer auf, einfach um mich von der Sache abzulenken. Das Problem ist: Oftmals führt das dazu, dass ich umso schneller wieder Dinge tue, die Gott nicht gefallen. Und dann wieder einen Step zurückweiche vor ihm. Und wieder auf Distanz gehe. Und dann wieder und wieder. Und so entferne ich mich schrittweise immer mehr von Gott, und es schädigt meine Beziehung zu ihm, weil sich diese Scham wie ein Berg zwischen uns auftürmt. Es ist nicht Gott, der sagt: «Du darfst nicht zu mir!», ich selbst fühl mich nicht mehr wert, ihm zu begegnen. Die tragikomische Pointe an der ganzen Sache ist, dass ich eigentlich ja weiss, dass dies genau der falsche Ansatz ist.

Manchmal aber, da hör ich diesen «Ruf» von Gott, und dann sag ich: «Ja, es war falsch, Gott, ich will zu dir! Es tut mir so leid, dass ich so viel Scheiss baue in meinem Leben, eigentlich will ich es nicht und dann entscheide ich mich doch immer wieder dafür! Ich weiss nicht, wie das irgendwann funktionieren wird, aber ich will eine Beziehung mit dir leben!» Es hat etwas mit Demütigung zu tun. Wenn ich einfach weglaufe vor Gott, dann kann ich mein Gesicht wahren, dann muss ich keine Schuld eingestehen (auch wenn meine Reaktion ja förmlich nach «Schuldig» schreit). Aber wenn ich den Schritt auf Gott zu mache, dann werde ich konfrontiert mit dieser absoluten Heiligkeit, und dann bleibt mir nix anderes übrig, als zu bekennen: Gott, es war falsch. Bitte vergib mir.

Und weisst du was das Spannende ist? Jedes Mal, wenn ich meine Schuld bekenne, ist die Scham wie weggeblasen! Sie verliert die Macht über mich – komplett. Sie kann keinen Berg der Trennung mehr bauen zwischen mir und Gott. Stattdessen kann ich alle meine Schuld und meine Scham bei ihm ablegen. Shame on him, im wahrsten Sinne des Wortes. Das ist so krass! Und wenn ich dann aus dieser neuen Freiheit heraus gleich eine längere Gebetszeit oder einfach Zeit bei und mit Gott einlege, entstehen daraus die schönsten Momente in meiner Beziehung zu ihm. Gerade heute wieder: Ich hatte die letzte Woche eine volle Blockade, wollte an den Goodies weiterschreiben, aber alles war nur langweilig, ich bekam keine interessanten Stories auf die Reihe, der göttliche Touch fehlte irgendwie. Dann kam wieder mal Sünde. Und ich stand vor der Wahl. Beinahe hätte ich mich für die Scham entschieden. Aber dann ging ich zu Gott und hab reinen Tisch gemacht. «Ding», da war eine Idee, wie man den einen Goodie fertigschreiben könnte. «Ding», da war plötzlich die Idee da, diesen Goodie hier zu schreiben. Und das ist sowieso mega krass, denn ich wollte eigentlich schon eine Weile mal zum Thema «Scham» schreiben, hatte aber voll keinen Zugang, wo ich damit starten könnte für einen Goodie. Und nun flutschts einfach. Weil Frieden mit Gott ist, und ich wieder neu mit ihm zusammen vorwärtsmachen kann.

Etwas kontrovers formuliert könnte man sagen: Ohne Sünde hätte ich gar nie so eine gute Zeit mit Gott gehabt. Und das stimmt ja auch irgendwie. Versteh mich nicht falsch: Gegen Gottes Gebote zu verstossen ist nicht ok, es ist nichts, womit man leichtfertig umgehen sollte. Aber wenn es dich am Ende wieder näher zu Gott bringt, dann hat es immerhin noch etwas Gutes bewirkt. Gott hat diese wundervolle Gabe, aus völlig verschissenen Aktionen (sorry, dass ich heute so oft zum Klo-Wort greife) etwas Besseres zu machen. Siehe z.B. die Josef-Story.

Weitergedacht: Wenn ich etwas mache, wovon ich weiss, dass es anderen Menschen nicht gefällt, und der Moment der Scham kommt – geh ich dann zu ihnen damit oder geh ich auf Distanz? Ehrlichgesagt wenn schon letzteres. Es ist so oft nochmals einen Level höher, wenn man seine Schuld Menschen bekennen muss, welche sonst «nie davon erfahren hätten», als Gott, der eh alles weiss. Dabei wäre es wahrscheinlich viel schlauer, einfach alles sofort zu klären, viel heilsamer für unsere Beziehung und mein Leben im Allgemeinen.

JESUS OHNE BRILLEN BEGEGNEN

Dieses Mal stammt der Goodie nicht aus meiner Tastatur. Ein guter Freund von mir hat ihn für eine Inputreihe der Streetchurch in Zürich geschrieben, und er hat mir mega gut gefallen. So hab ich ihn gefragt, und freundlicherweise hat er eingewilligt, dass ich einen Goodie daraus mache. Enjoy...

> Als Jesus sich mit ihnen zum Essen niedergelassen hatte, nahm er das Brot, dankte Gott dafür, brach es in Stücke und gab es ihnen. Da wurden ihnen die Augen geöffnet: Es war Jesus. Doch im selben Moment verschwand er, und sie konnten ihn nicht mehr sehen. Sie sagten zueinander: »Hat es uns nicht tief berührt, als er unterwegs mit uns sprach und uns die Heilige Schrift erklärte?«

Lukas 24,30-32

Die beiden Jünger sind den ganzen Weg mit Jesus unterwegs und erkennen ihn bis zum gemeinsamen Essen nicht. (Für etwas mehr Kontext, lies ruhig das ganze Kapitel) Ich habe mich gefragt: Was für Brillen trugen die Jünger? Sah Jesus anders aus bevor er gestorben, begraben und auferstanden ist? Doch es bleibt nicht dabei, dass Jesus für sie nicht erkennbar war: Beim gemeinsamen Nachtessen gehen ihnen die Augen auf. Ihre Brillen werden abgenommen durch das Brotbrechen. Jetzt realisieren sie: Es ist Jesus! Die Erkenntnis erfüllte die Herzen der Jünger. Doch was hat dieser Teil der Story mit mir zu tun?

Ich ertappe mich dabei, dass ich Jesus oftmals nicht wirklich erkenne. Wie diese Jünger nicht merken, dass er mit ihnen unterwegs nach Emmaus war, so verstehe ich oftmals nicht, wie nahe Jesus mit mir mitgeht. Ich erkenne den Wert des gekreuzigten Gottessohnes für mein Leben nicht. Meine «Jesus-nicht-erkenn-Brille» hat oftmals die Gewohnheitsgläser montiert: Seit 21 Jahren feiere ich Ostern und Weihnachten, weil ich im christlichen

Umfeld grossgeworden bin. Die Story von Jesus ist mir bekannter als jede andere Geschichte. Das Jesus am Kreuz hing, auferstanden und dann seinen Jüngern erschienen ist; das sehe ich manchmal als so selbstverständlich an. Ich lese die Evangelien gelangweilt und denke mir dabei, dass ich das bereits 200 Mal gehört habe. Ich sehe das Ganze oftmals durch die verzerrte Brille der Gewohnheit und Selbstverständlichkeit. Ich bin abgestumpft, beinahe dagegen geimpft, dass ich im Kopf verstehen und im Herz erkennen kann, wer Jesus ist und was er mir bedeutet. Und so muss ich mich selber wachrütteln: Jesus ist für mich gestorben! Gott offenbart seine unvorstellbare Gnade. Es ändert alles für mich: Ich bin befreit zum Leben. Ich bin geliebt und angenommen. Ich darf hoffen, dass es etwas Grossartiges gibt, das bereits in diesem Leben erfahrbar ist und sogar darüber hinausgeht. Um das zu Erkennen brauche ich Augenblicke, in denen Jesus mir meine Brille wegnimmt.

Wie sich Jesus beim Brotbrechen seinen Jüngern gezeigt hat und ihnen die Brillen abgezogen hat, so lass uns heute dafür beten, dass er unsere Brillen (was auch immer deine ist) wegnimmt und wir Jesus neu, echt und unverzerrt begegnen dürfen. Schaffen wir Raum dafür, wo wir seinem verschwenderisch liebenden Wesen begegnen und sagen: «Mein Herz brennt für dich. Lass mich dich erkennen.»

Dominik Minder,
Streetchurch Reformierte Kirche Zürich

LEUCHTTURM TIEFGELEGT

Ein Leuchtturm muss so hoch wie möglich sein, sodass er von weitem zu sehen ist. Macht Sinn, oder? Eigentlich ja, aber halt dich fest: Nicht immer! Tatsächlich wurde in Südafrika ein alter Leuchtturm durch einen neuen, 150 Meter tiefer gelegenen Turm ersetzt. Warum denn?? Das ist doch maximal unlogisch!? Dann sieht man ihn doch viel schlechter!

Eben nicht. Denn in dieser Gegend gibt es sehr oft Hochnebel. So war der extra weit oben gebaute alte Turm in vielen kritischen Situationen für die Schiffe gar nicht zu sehen – weil er mitten in den Wolken war. Da hatten sich die Behörden doch extra was Sinnvolles ausgedacht, den Turm so weit oben auf dem Klippenzug wie möglich gebaut – und dann stellt sich heraus, dass das genau der falsche Weg war.

Es ist ein sehr gutes Bild dafür, wie wir Christen manchmal an Dinge rangehen. Ich mein – wir sollen schliesslich auch die leuchtende Stadt oben auf dem Berg sein. Aber was nützt das, wenn wir andauernd im Hochnebel verschwinden? Kann es sein, dass wir unsere Leuchttürme manchmal etwas zu hoch bauen? Schauen wir ab und zu sogar sprichwörtlich auf die Leute runter, welche ihre Lichter etwas weiter unten am Berg scheinen lassen?

Beispiel: Wir Christen sollen (und wollen) da sein für die ärmsten der Gesellschaft, für die Randständigen. Aber wenn ich in unsere Kirche schaue, dann erreichen wir genau diese Menschen so oft nicht. Ich hab noch selten einen bei uns reinkommen sehen, dem man richtiggehend ansah, dass sein Leben den Bach runtergeht. Und das liegt definitiv nicht daran, dass es solche Leute in unsrem schönen Thurgau nicht gäbe. Wir haben unsere Türme zu hoch gebaut. Auch der Ausländeranteil in unserer Gemeinde widerspiegelt kaum die Realität der Stadt, in der ich wohne. Eine gesamte Gesellschaftsgruppe fällt durchs Raster, und verspürt offensichtlich keine Lust, bei uns reinschauen zu kommen. Wir haben unsere Türme zu hoch gebaut. Und auf der anderen Seite gibt es Christen, welche nicht die Möglichkeiten, Talente etc. haben, um ihren Turm ganz oben an der Klippe zu bauen, sondern etwas weiter unten mit der Konstruktion beginnen. Und sie fühlen sich weniger Wert, weil ihr Bau nicht ganz so toll gelegen ist. Irgendetwas vermittelt ihnen das Gefühl, dass sie ihre Türme zu tief unten bauen. Dabei haben gerade sie die so wichtige Fähigkeit, auch mal unter dem Hochnebel durchzuscheinen.

Der gute Wille ist bei allen da, das ist mir wichtig zu betonen. Und es gibt so viele gute Ansätze! Es geht hier auch nicht um Kritik an einer bestimmten Gemeinde. Vielmehr ist es eine Krankheit, welche die gesamte Kirche schon seit Jahrzehnten mit sich rumträgt, dieses Image der heiligen Versammlung, welche für Normalsterbliche unerreichbar scheint. Es gibt tausende Projekte, welche sich um arme Menschen, Randständige, Ausländer und Flüchtlinge kümmern. Alles tolle Projekte, welche viel bewirken! Aber in unseren Gemeinden selbst, in den Gottesdiensten, in den Kirchenbänken, ist so wenig davon zu sehen. Es reicht doch nicht, einfach parallel zu unseren Mittelstand-Gottesdiensten noch ein Armenhaus zu pflegen. Das Ziel muss sein, dass wir alle zusammen Gott loben können. Der Banker neben dem Penner. Die Hure neben der Nonne. Der Bünzli neben dem Alternativen. Der Kosovare neben dem Schweizer. Dass die Leute spüren, dass sie bei uns willkommen sind.

Wie gesagt: Ein Grossteil der Leuchttürme dieser Welt sind so hoch wie möglich gebaut, und das ist gut. Wenn du einen schönen Leuchtturm hast, hoch oben auf der Klippe, dann freu dich daran, und sorg dafür, dass er gesehen wird und Schiffen den Weg weist. Ab und zu braucht es aber auch Türme, welche deutlich tiefer gelegt sind, weil sie ihre Schiffe besser erreichen. Falls du also jemand bist, der nicht den schönsten Turm auf dem höchsten Berg bauen kann – sieh es nicht als weniger Wert an! Du kannst Menschen erreichen, welche andere niemals erreichen werden, weil sie schlicht und einfach in den Wolken verschwunden sind.

Und vergiss nie: Einen Leuchtturm baut man für die Schiffe, nicht für die Touristen!

AUCH WENN'S WEH TUT

Ich bin gerade etwas an einem Knackpunkt. Fühl mich blockiert. Mein Leben ist ein einziges Chaos. Und wenn ich ehrlich bin, hat es einfach mit einer komplett fehlenden Beziehung zu Gott zu tun. Ich will nicht sagen, dass es jedes Mal, wenn's dir oder mir schlecht geht, mit fehlender Gottesbeziehung zu tun hat. Das wäre zu einfach. Aber ich merke bei mir wirklich: Wenn ich einen funktionierenden Austausch mit Gott habe, den Tag mit ihm beginne und aufhöre, wenn ich interessiert bin an ihm und nach seinem Willen frage – dann ist das ein Fundament, welches alles andere trägt. Wie ich mich verhalte, ob ich konzentriert und pflichtbewusst arbeite, ob ich im Frieden mit mir selbst bin, meine Zeit sinnvoll nutze... All das scheint bei mir immer dann am besten zu funktionieren, wenn ich eine echte Beziehung mit Gott am Laufen habe. Das hab ich im Moment nicht, und in meinem Leben herrscht ein Tohuwabohu.

Was nun? Der gute Christ fragt sich in dem Moment, was denn nun zwischen ihm und Gott steht. Hast du etwa Sünde in dein Leben gelassen, welche sich zwischen dich und Gott gestellt hat? Nein. Würd ich nicht sagen. Ich hab einfach grad echt keinen Bock auf Gott. Ich seh den Sinn nicht. Mein Leben scheint ehrlich gesagt auch ohne ihn sehr gut zu funktionieren (abgesehen von all den Bereichen wo's das grad nicht tut). Gott ist sowas von unattraktiv in meinem Leben. Hat etwas anderes seinen Platz als Nummer eins übernommen? Ja, definitiv. Aber das macht ja auch Sinn. Wenn die Beziehung zu Gott, so wie sie jetzt grad ist, der wichtigste Teil meines Lebens wäre, dann säh's echt trübe aus bei mir. Denn ehrlichgesagt ist mir Gott gerade krass unwichtig.

Was nun? Ich glaub mir bleibt echt nix anderes übrig, als mich einfach mal in den Arsch zu kneifen und mich in diese Beziehung zu investieren. Was mach ich denn, wenn ich mich mit meinem besten Freund grad nicht vertrage? Meide ich ihn dann einfach und geb mich mit anderen Leuten ab, in der Hoffnung, dass es irgendwann mal besser wird? Natürlich nicht. Im Gegenteil, ich werde die Extrameile gehen und mir irgendwie überlegen, wie ich diese Freundschaft wieder ins Rollen bringen kann. Warum hab ich dann bei Gott immer das Gefühl, ich könne nun mal mein Leben etwas weiter leben ohne ihn, und irgendwann wird das Feuer dann schon wiederkommen? Macht ja absolut keinen Sinn!

Ich schäme mich etwas für diese Anekdote, aber sie passt so gut, darum muss ich sie wohl teilen: Neulich hab ich im Internet nach guten Rückenübungen für zu Hause gesucht, um meiner büro-geschundenen Rückenmuskulatur während der Corona-Tage etwas mehr Kraft zu verleihen. Und dann überleg ich ernsthaft so: «Gibt es wohl Rückenübungen, die den Rücken so absolut nicht anstrengen, aber unglaublich wirksam sind?» Im nächsten Moment hab ich meinen Kopf an die Wand gehauen, denn das ist nun wirklich die Spitze der Faulheit. So «Ja grüezi, ich würde gerne reich werden… Ohne dafür zu arbeiten. Geht das?» Ok, blödes Beispiel. Aber du verstehst was ich meine. Es ist doch ein dummer Gedanke, man könne einfach rumsitzen und das Leben würde sich von selbst genialisieren.

«Wir wollen Freude ohne Opfer. Einen starken Charakter ohne Leiden. Erfolg ohne Versagen. Gewinn ohne Schmerz. Ein Zeugnis ohne die Prüfung (wieder ein schlechtes Beispiel). Wir wollen alles, ohne alles zu geben.»

Mark Batterson «Nachfolge Total»

Was ist das für eine Einstellung gegenüber Gott, wenn ich meine Bemühungen immer gleich abstelle, sobald nicht mehr alles Friede-Freude-Halleluja ist?

Ich möchte wieder lernen, für die Beziehung zu Gott zu kämpfen. Zu zeigen, dass es nicht einfach ein nettes Gadget für mein Leben ist, sondern dieses alles erhaltende Fundament, welches mich zusammenhält. Ich wünsche mir, dass ich nicht irgendwann zurückschauen muss mit der Feststellung: Ich war nur ein Schönwetterchrist. Sondern dass ich lerne, für diese Gemeinschaft zu kämpfen, welche mir doch tief im Herzen, das weiss ich, unglaublich wichtig ist.

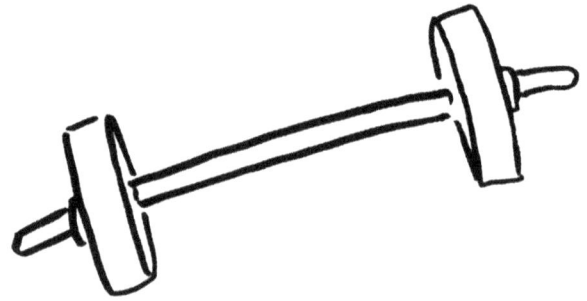

IDEAS WORTH SPREADING

Ideen, die es wert sind, weitererzählt zu werden – das ist der Slogan von «TED». Nein, nicht von Ted, dem Teddy-Bär-Film, sondern von einer Konferenz, welche unter anderem mit den auf YouTube verfügbaren TED-Talks Bekanntheit erlangte. Es gibt tatsächlich tausende Ideen, welche dort präsentiert werden. Es reden Leute aus Wirtschaft, Unterhaltung, Politik, oder auch einfach «normale» Menschen, welche etwas Lehrreiches erlebt haben – Es gibt sehr trockene und sehr unterhaltsame Vorträge. Manche bringen neue Ideen, andere zeigen Probleme auf, manche sollen ermutigen und herausfordern. Und sie haben eines gemeinsam: Alle reden sie über Dinge, die es wert sind, weitererzählt zu werden.

Ideas worth spreading – was würdest du erzählen, wenn man dich auf eine TED-Bühne stellen würde? Ok, das ist jetzt vielleicht ein etwas überrumpelndes Gedankenexperiment. Deshalb ganz allgemein: Was würdest du deinen Kollegen erzählen? Was hast du erlebt, oder was weisst du, was es wert ist, dass andere davon erfahren?

Vielleicht fallen dir gleich ein paar Dinge ein. Vielleicht kommst du aber auch sehr schnell an den Punkt, wo du denkst: «Ja gut, ich hab schon lustige Dinge erlebt, und ich hab ein paar Dinge gecheckt, aber die sind doch nicht spannend genug, um erzählt zu werden. Oder wenn, dann kann das sicher jemand anders viel besser.» Ist dir das schon mal passiert? Dass du etwas gelernt hast, oder eine Idee gehabt hast – und vielleicht hast du sogar kurz darüber nachgedacht, anderen davon zu erzählen. Aber dann kam sehr schnell die «Einsicht»: Das ist zu wenig interessant, das kümmert keinen, ich lass es besser bleiben.

Unser Glaube lebt vom Austausch! Es ist kein austauschbarer Glaube, aber ein Austauschglaube, sozusagen. Einerseits weil wir anderen Menschen von unserem Glauben erzählen sollen. Und andererseits, und das geht wohl oft vergessen, weil es so unglaublich wichtig ist, dass wir Christen untereinander über unseren Glauben reden. Was habe ich mit Gott erlebt? Was habe ich über Gott gelernt? Wo habe ich Fragen? Denn unser Gott ist so gross und so vielseitig, dass ich niemals alles von ihm verstehen werde. Umso entscheidender ist es, dass auch andere mir von ihren Erfahrungen mit Gott erzählen.

Die Krux ist: Meistens haben wir das Gefühl, es sei's nicht wert. Ja, ich hab schon etwas mit Gott erlebt, aber sooo krass war das jetzt auch nicht. Oder: Ja, ich habe etwas über Gott herausgefunden, aber das wissen die anderen sicher schon. Aber was ich in den wenigen Jahren meines Glaubens gelernt habe ist, dass genau das Gegenteil der Fall ist. Manchmal habe ich Christen, welche schon viel länger im Glauben unterwegs waren und viel mehr «wussten», Dinge erzählt, die ich gelernt habe, und die waren selber ganz erstaunt, weil sie noch nie so darüber nachgedacht haben. Das hat nichts damit zu tun, dass ich einfach ein absolutes Genie bin. Sondern, weil wir Menschen so unterschiedlich und unsere Zugänge zu Gott so verschieden sind, lernen wir ihn auf ganz persönliche Art kennen, und manchmal werden uns Dinge klar, die niemand anderem je aufgefallen wären. Und deshalb ist es wichtig, dass du dich getraust, sie zu erzählen, dass du auch einen geschützten Rahmen dazu hast, z.B. eine Kleingruppe, in der ihr einander vertraut. Und es ist wichtig, dass du deinem eigenen Leben und den Erlebnissen darin die richtige Wertschätzung gibst. Hey, du lebst nicht das langweiligste Leben der Welt! Das musst du zuallererst dir selbst bewusst machen, bevor du anderen davon erzählen kannst.

Auch die Goodies sind ja eigentlich nix anderes: Eine Sammlung von Ideen, Erfahrungen und Inputs, die es in meinen Augen wert sind, weitererzählt zu werden. Manche eher trocken, manche eher Kindergarten. Nicht alle sind gleich gut. Manche sprechen dich an, manche auch nicht, dieses Risiko muss ich eingehen. Aber wenn am Ende ein paar Gedanken aus all diesen Texten hängen bleiben, und vielleicht dein Leben ein kleines bisschen verändern, dann hat sich der ganze Aufwand doch gelohnt!

Genauso ist es auch bei dir. Nicht alles was du erzählst, wird andere interessieren, auch das muss gelernt sein. Aber versuch dranzubleiben, wertschätze deine eigenen Geschichten, erzähl von deinen Schätzen. Vielleicht wirst du nur ein einziges Mal in deinem Leben einem einzigen anderen Menschen etwas unglaublich Wichtiges vermitteln, was er sonst nie erfahren hätte. Aber dann wars das schon wert, und zwar bei weitem!

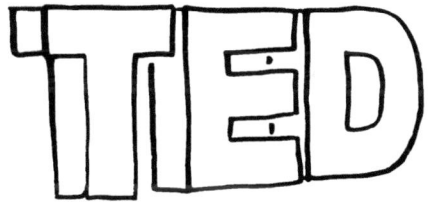

THIS TIME FOR AFRICA

Nun habe ich bereits in einigen Goodies nebenbei erwähnt, dass ich für eine Weile in Afrika gelebt habe. Und einmal hab ich sogar die Ankündigung gemacht, später mehr darüber zu schreiben. Nun wird es höchste Zeit, dieses Versprechen einzulösen.

Unsere Familie lebte von 2007-11 in Gaoual, einer kleinen Stadt in Guinea, in Westafrika. Und hier möchte ich gleich mal etwas das Exotik-Feeling bremsen: Nein, dort gibt es keine Elefanten, keine Löwen, keine Giraffen. Da tönt Afrika gleich deutlich weniger spannend, was? Nein, es war natürlich auch so ein mega Erlebnis, eine ganz andere Welt.

Es gäbe tausend Goodies zu schreiben über all die Erlebnisse und Geschichten, welche entstanden sind. Doch meistens werde ich gefragt «Hat es dir gefallen?», «Was ist schöner, die Schweiz oder Afrika?» und «Wirst du nochmals gehen?» Ich glaub ich werde einfach diese Fragen beantworten.

Guinea hat mir sehr gefallen. Man kann nicht sagen, ob es sich dort schöner lebt als hier, es ist einfach anders. Ich bin aber definitiv froh, als Schweizer geboren worden zu sein, und nicht als Guineer, denn mein Leben ist deutlich angenehmer und sicherer, soviel steht fest. Und doch hat es mir unglaublich gutgetan, mal diese andere Welt zu sehen. Guinea ist eines der ärmsten Länder weltweit und somit das pure Gegenteil zur Schweiz. Und das prägt einen schon. Deshalb mein Tipp: Wenn du irgendwie kannst, dann verbring mal mindestens ein halbes Jahr in einer armen Gegend. Das kann auch schon nur eine ländliche Gegend in Osteuropa sein. Es ist eigentlich unglaublich, wie schnell man an Orte kommt, wo alles so viel weniger Ponyhof ist als in der Schweiz. Ich glaube wir brauchen diese Erfahrungen, wirklich an der eigenen Haut zu erleben, dass unsere Privilegien einfach nicht selbstverständlich sind. Und ich glaube wir können viel von

Menschen an diesen Orten lernen, besonders wenn's ums Glücklichsein-trotz-wenig-Besitz geht.

Werde ich nochmals gehen? Ich weiss nicht. Kurz nachdem ich zurückkam, war meine Antwort ganz klar «Ja!» Inzwischen bin ich fast 10 Jahre älter und sehe nicht mehr einfach die kindliche Welt, sondern auch die Risiken. Schlechte Medizinische Versorgung, schwierige politische Verhältnisse, gefährliche Tiere (#Schlangen)… Es ist kein Sonntagsausflug, es ist mit Gefahren verbunden. Und als jemand, der seine Komfortzone liebt, weiss ich nicht ob ich diese Risiken auf mich nehmen möchte, ob ich mich getrauen würde. Umso höher ist meine Achtung vor meinen Eltern, welche dieses Abenteuer mit zwei Kindern auf sich genommen haben, die Komfortzone Schweiz samt Freunden und Familie zurückgelassen haben im Wissen, dass es durchaus ein tödliches Unternehmen werden könnte.

Natürlich kann ich mir auch die Frage stellen, wie ich zu Missionseinsätzen allgemein stehe. Da gehen die Meinungen im Christlichen Kuchen ja ziemlich auseinander. Manche finden, dass jeder mindestens hundert Menschen bekehrt haben muss um seinen Auftrag als Christ erfüllt zu haben und andere wollen, dass man ganz auf Mission verzichtet.

Hier ein Gedanke: Als Jesus gefragt wurde, was das wichtigste Gebot sei, hat er nicht gesagt «Geht hinaus in alle Welt und macht alle Menschen zu Jüngern», sondern «Liebe den Herrn deinen Gott von ganzem Herzen und deinen Mitmenschen wie dich selbst» (z.B. Lukas 10:27). Das sagt für mich viel aus, wie unser Auftrag aussieht. Wir sollen hinausgehen zu den Menschen, sei es hier oder weit weg. Wir sollen zu den Armen, den Verstossenen, den Hilfesuchenden, den Verletzten. Und ja, wir sollen ihnen von der frohen Botschaft erzählen. Aber unsere Motivation, der Grundstein unserer Arbeit, muss die Liebe zu unseren Mitmenschen sein.

Klar: Es gibt Christen, welche eher die Gabe haben, praktisch zu helfen, und andere sind dazu berufen, einfach die Botschaft zu erzählen und dann weiterzuziehen. Paulus z.B. hat nicht gross Entwicklungshilfe geleistet, ihm war die Botschaft das Wichtigste. Aber das Zentrum seiner Arbeit war die Liebe zu den Menschen, denen er begegnete, nicht ob er am Ende im Himmel mehr oder weniger Bekehrungen vorweisen kann.

Es gibt leider immer wieder Missionare, welche einfach bekehren wollen. Als wäre das ein ToDo auf ihrer Checkliste zum Guten-Christ-sein. Sie kommen von oben herab, es geht ihnen nur darum, möglichst viele Christen zu machen. Sie fühlen sich besser und überlegener, je mehr eben dies ihnen gelingt. Das führt dann zu den traurigen Geschichten, wo Leute ausgebeutet werden, wo Mission alles bedeutet, nur nicht Nächstenliebe. Gottes Auftrag beinhaltet, ein Segen zu sein für diese Welt. Er beinhaltet, anderen von Jesus zu erzählen. Aber der Grundstein muss die Liebe zu Gott und den Menschen sein.

Afrika ist ein faszinierender Kontinent, und so viel grösser und vielfältiger, als wir das in Europa verstehen. Oft werde ich gefragt: «Kannst du Afrikanisch?» Worauf ich zu antworten pflege: «Kannst du Europäisch?» Afrika ist riesig, voll mit Kulturen, Volksgruppen, Traditionen. Geprägt von der Kolonisation, und vielerorts von Armut und politischer Unsicherheit. Ein Kontinent mit über 1,3 Milliarden Menschen, welche Gottes Liebe, seine Wärme und Rettung genauso brauchen wie wir. Ein Kontinent auch, wo Christ-sein oft mit Ausgrenzung und teils auch Verfolgung verbunden ist.

Nicht jeder von uns muss nach Afrika gehen. Aber ich möchte dich ermutigen, dass du für diesen Kontinent, für die Menschen im Allgemeinen und die Christen im Besonderen betest.

PICKELKAMPF

Pickel sind nervig, Pickel beissen, sie sehen nicht allzu attraktiv aus und sind ganz einfach unerwünscht. Weil sie aber bis heute nicht ganz von meinem Konterfei verschwunden sind, hat meine liebe Mutter in den vergangenen Jahren tausende verschiedene Salben und Seifen und vieles mehr gekauft, um mir im Kampf gegen die Plage beizustehen. Dass all diese Medizin wenig Wirkung zeigte liegt wohl hauptsächlich daran, dass ich sie kaum benutze, auch wenn Mama mich in ihrer Fürsorge immer wieder dazu drängt. Und so liegen bei uns im Haus tausend Mittelchen unbeachtet rum, welche in irgendeiner Form gegen die ekligen Hautkrater arbeiten sollen.

Eines Morgens hatte ich wieder eine ganze Menge Pickel, und so rieb ich mir kurzentschlossen noch eine beruhigende Salbe ein, bevor ich das Haus verliess. Am Mittag juckte mein ganzes Gesicht. Ich ging an einen Spiegel – und staunte nicht schlecht: Überall wo ich die Paste eingestrichen hatte, war meine Haut rot. Am Abend wurde es noch schlimmer, die Haut war nun völlig ausgetrocknet und brannte fürchterlich. Was ist bloss passiert? Ich meine, klar, ich hab ziemlich dick aufgetragen, aber das sollte doch nicht gleich so eine Reaktion hervorrufen!? Eine allergische Reaktion? Möglich, aber das wäre doch äusserst ungewöhnlich. Kurz – niemand wusste, warum es lief wies lief, nur dass es unangenehm war, das liess sich nicht bestreiten. Meine Mutter musste sich ein paar bissige Kommentare anhören, was für ein grossartiges Produkt sie uns da wieder ins Haus befördert hatte.

Ein paar Tage später hatte meine Haut wieder zu alter Frische gefunden. Aber irgendwie liess es mich nicht ganz los, was da bloss schiefgelaufen war. Also ging ich ins Bad, nahm die Tube vom Regal und unter die Lupe. «PFLEGESEIFE» stand da gross drauf... Seife... keine Salbe... eine Seife wäscht man nach kurzer

Zeit wieder ab, die streicht man nicht viel zu grosszügig ein und lässt sie dann den ganzen Tag einziehen… Ups… «Maamii, tuet mer leid, isch gliich nöd din Fehler gsi!» Es gab definitiv ruhmreichere Momente in meinem Leben… aber so läuft's halt manchmal. Es war mir wieder mal eine Lehre, dass man bei Pflegeprodukten besser einen kurzen Kontrollblick macht, anstatt blind ins Verderben zu laufen. Und dass auch etwas Gutes einem Schaden zufügen kann, wenn es falsch angewandt wird.

Fungieren wir Christen nicht manchmal sehr ähnlich? Wir haben quasi unseren riesigen Medikamentenschrank, die Bibel, mit über 30'000 Versen. Und wann immer wir einen Pickel auf der Nase haben, gehen wir zu unserm Schrank, machen ihn auf, greifen uns die erstbeste Tube, wo «bekämpft Pickel» draufsteht, und tragen den Inhalt auf. Ohne zu kontrollieren, ob das Mittel in der Box mit den Seifen oder derjenigen mit den Salben stand, ob es seit zehn Jahren abgelaufen ist, ob es nur für Tiere gedacht ist oder in sehr kleinen Mengen verwendet werden sollte. Und wenn es dann nicht wirkt, oder uns gar Schmerzen zufügt, dann stellen wir das Medikament in Frage, ganz sicher nicht unsere Art es zu verwenden.

Ich mag die Bibel. Sie hat mir schon in vielen Momenten geholfen im Leben. Ich hab Geschichten von anderen Menschen gelesen, was sie mit Gott erlebt hatten, und wurde dadurch ermutigt. Und manchmal hab ich auch einen Vers gelesen, ohne gross Kontext zu haben, und der allein hat etwas in mir bewegt. Das gibt's. Aber manchmal ist es mir auch passiert, dass ich einfach etwas hineininterpretiert habe in eine Bibelstelle, was so überhaupt nicht stimmte. Einfach, weil ich es gerade brauchte. Oder ich hab auch schon Predigten gehört, da denkst du im ersten Moment «oh wow, mega cool, ich wusste gar nicht, dass das so in der Bibel steht!» Und dann hab ich nachgelesen und gemerkt: Ok, es steht zwar in der Bibel, aber im Kontext des ganzen

Kapitels, vielleicht sogar des Buches, hat es eine komplett andere Bedeutung!

Ich glaube da müssen wir vorsichtig sein. Manchmal tönt ein Vers so cool, er ergibt eine ermutigende Botschaft, und dann reissen wir ihn einfach raus und erzählen damit irgendetwas. Aber wir ignorieren, was daneben steht, was der Kontext war. Manchmal ist das Resultat gar nicht so weit weg vom Original, dann haben wir Glück gehabt. Manchmal wird die biblische Aussage aber auch völlig verdreht, und das kann dann zu ziemlichen Schmerzen führen.

Nochmals: Manchmal legt einem Gott wirklich fast schon einem Vers aufs Herz, und der berührt einem mega. Oder Gott benutzt vielleicht eine Stelle aus der Bibel, um dir etwas anderes klar zu machen, was da so nicht stand. So erlebe ich es zumindest. Aber bevor wir hingehen und sagen «Leute, hört euch an was in der Bibel steht» um unsere eigene Agenda durchzubringen, sollten wir doch immer wieder gut prüfen, ob das nur da steht, oder ob es auch so gemeint war.

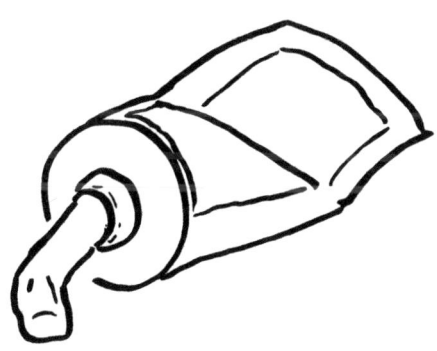

KIMI-VIBE

«Drive to survive 2», die Netflixserie zur Formel 1-Saison 2019. Interviewsequenz. Verschiedenste Fahrer, Teambosse und Kommentatoren erzählen in einem packend zusammengeschnittenen Interview, was die Königsklasse des Motorsports für sie ausmacht. Die Hintergrundmusik gibt einen zackigen Rhythmus vor, während Sätze fallen wie «Es ist ein riesiger Druck», «Ich will der Beste der Besten werden», «Entweder du schwimmst oder du gehst unter», «Es ist extrem hart!» Die Musik stoppt abrupt, Cut zu Kimi Räikkönen, und der sagt in seinem gewohnt rostigen Englisch: «It's more like a hobby for me, so obviously I don't have to do it if I don't want." (Es ist mehr so ein Hobby für mich, ich muss das nicht machen, wenn ich nicht will). Es ist Situationskomik vom feinsten, perfekt geschnitten. All die Leute welche die Formel 1 als diese ultimative Herausforderung, diesen täglichen Kampf ums Überleben an der Spitze erklären – und dann kommt Kimi: Für mich ist es nur ein Hobby.

Nun kann es sein, dass dich Motorsport im Allgemeinen und die Formel 1 im Besonderen nicht allzu sehr interessiert. Dann will ich dich gar nicht länger mit unwichtigen Nebeninformationen langweilen, sondern gleich zum Punkt kommen: Ich glaube wir alle sollten etwas mehr von diesem Kimi-Vibe in uns drin haben.

Es ist klar: Wir haben nicht alle Millionen verdient in den letzten Jahren so wie er, und so können wir auch nicht mit der Gelassenheit eines Typen zur Arbeit gehen der sagt: Ich muss das nicht machen, wenn ich nicht will. Die meisten von uns werden die nächsten paar Jahre noch tun müssen was sie jetzt tun, ob's ihnen mega gefällt oder nicht. Aber was wir beeinflussen können, ist die Einstellung, mit der wir zur Arbeit oder zur Schule gehen. Sehen wir es als eine lästige Pflicht, die es abzusitzen gilt? Oder ist es wie ein Hobby, etwas worauf wir uns freuen, ein

Job mit seinen täglichen Challenges, an denen man sich verbessern will?

Auf den ersten Blick tönt Räikkönens Kommentar ja sehr nach larifari, und als sei ihm die ganze Sache nicht wichtig. Aber sag mir ehrlich: Ist ein Hobby nicht genau das Gegenteil? Also ich persönlich geh mit viel mehr Motivation und Energie an ein Hobby ran, als dass ich zur Schule gehe. Ich gebe mir dort mindestens genauso viel Mühe und bin definitiv ehrgeizig. Also zu sagen «meine Arbeit ist mehr so ein Hobby» heisst nicht, dass es halb Freizeit ist und man's nicht ernst nimmt, im Gegenteil. Es ist einfach etwas, was ich aus Freude tue, nicht aus dem simplen Grund, dass ich es tun muss.

Und da können wir anknüpfen: Ich merke bei mir persönlich, dass es zu einem grossen Teil Einstellungssache ist, ob die Arbeit Spass macht oder nicht. Ob ich zur Schule gehe und nur die langweiligen Lektionen, den langen Schulweg und die öden Hausaufgaben sehe, oder ob ich mich auf die Herausforderungen freue, auf die Kollegen und die Möglichkeit, etwas neues zu lernen, ist meine Entscheidung. Leider haben wir uns viel zu oft schon eine Woche vor Schulbeginn darauf festgelegt, dass es langweilig wird, und dann reisst man das Steuer natürlich nicht mehr so leicht rum.

Gleiches gilt für den Glauben. Bibellesen: Langweilig oder spannend? Du kannst selbst entscheiden, wie du rangehst. Sonntagmorgen: Zeit in einem stickigen Raum absitzen oder Gott zusammen mit anderen Menschen loben? Natürlich, es hängt auch von anderen Faktoren ab, aber glaub mir, mit welcher Einstellung du rangehst, macht bereits einen riesigen Unterschied.

Probier's einfach mal aus, vielleicht steckst du am Ende sogar noch andere damit an!

WAS GLAUBE ICH

Dieses Buch ist ja eine Ansammlung von Inputs, welche allwöchentlich erschienen sind. Das heisst, pro Woche schrieb ich einen Goodie. Und wenn du durchschnittlich pro Woche einen Text über Gott und Glauben schreibst, dann kommst du ab und zu an den Punkt, wo du dich fragst: «Was glaube *ich* eigentlich? So ganz persönlich?»

Das mag auf den ersten Blick etwas verunsichern. «Was, der schreibt da seit zwei Jahren voller Überzeugung seine Goodies, und weiss selber nicht, was er glaubt!?» Aber seien wir ehrlich: Es ist einfach normal.

Manchmal hab ich das Gefühl, der Glaube ist in verschiedene Schalen unterteilt, wie eine Zwiebel. Es gibt Momente, da macht alles Sinn, und man scheint alles verstanden zu haben. Und dann «öffnet einem Gott die Augen» und man checkt: Warte, ich hab noch überhaupt nix verstanden. Das macht einen auf die eine Seite demütig, auf die andere ist es auch frustrierend. Und dann «öffnet einem Gott wieder die Augen», und man erkennt plötzlich wieder die grossen Zusammenhänge und seinen genialen Plan hinter allem. Und so geht's immer weiter. Mit Gott unterwegs zu sein ist eine Achterbahn von «Dinge begreifen» und «begreifen, dass man nix begriffen hat».

Ein Freund von mir hat während Corona begonnen, einen Podcast zu machen, ebenfalls zu Glaubensthemen. Und jede Woche aufs neue, vor jeder einzelnen Folge, erinnern sie ihr Publikum daran: «Was wir hier sagen ist unsere persönliche Meinung, es ist eine Momentaufnahme, wir haben die Wahrheit nicht gebucht.» Ich muss gestehen… ich verdreh manchmal etwas die Augen, wenn der Satz kommt. Ich weiss ihn inzwischen auswendig. Aber wenn ich darüber nachdenke, dann ist es eigentlich mega wichtig, dass sie es machen. Und ich hätte es vielleicht auch etwas öfters tun sollen. Nein, auch ich hab die Wahrheit sowas von nicht für mich gepachtet.

Ich glaube jeder Christ kommt an den Punkt, wo er spürt, dass es nicht reicht, einfach nachzuplappern was andere einem erzählt haben. Wo er sich die Frage stellt: Was glaube ich – ich persönlich – eigentlich im tiefsten Inneren? "Ja ich glaub dass wir ewig leben, dass die Jungfrau den Sohn gebar." Glaube ich das? "Ja ich glaub an die Auferstehung, wenn Jesus wiederkommt!" Glaube ich das?

Es ist wichtig, dass man sich diese Fragen stellt. Dass man sie sich auch stellen darf. Ich habe leider in meinem Bekanntenkreis auch schon erlebt, dass Leute sich dieser Aufgabe gestellt haben, und ihr christliches Umfeld ziemlich abweisend auf ihre teils kritischen Fragen reagiert hat. Auch ich ertappe mich manchmal dabei, etwas irritiert zu sein, wenn jemand einen aus meiner Sicht gar radikalen Ansatz an den Glauben aufstellt. Dabei ist es so wichtig, dass wir uns selbst und anderen die Freiheit geben, herauszufinden, was am Glauben wirklich dran ist. Denn das ist der zentrale Punkt von Gottes Plan. Er will nicht, dass du den Glauben deiner Eltern, deiner Kollegen, deiner Leiter übernimmst. Er will, dass du aus freien Stücken, aus eigener Überzeugung, eine persönliche Beziehung zu ihm suchst, und deine Bestimmung in ihm findest.

Ich glaube das ist eine Reise, welche ein Leben lang dauern wird. Ich werd nie alles verstehen, was Gott ausmacht. Es gibt Antworten, die werde ich erst im Himmel finden. Aber ich möchte auf diesem Weg bleiben mit Gott, ihn immer besser verstehen, eine echte Beziehung zu ihm haben. Und ich wünsche mir für dich genauso wie für mich: Hab Mut, deinen Glauben zu hinterfragen und finde heraus, was "Glauben" überhaupt ausmacht.

FLIEGEN FLIEGEN NUR EIN TAG

Eine Fliege saust haarscharf an einem Spinnennetz vorbei. Ärgert sich die Spinne und schreit: «Wart ab, morgen erwisch ich dich!» Streckt die Fliege die Zunge raus: «Ätsch, ich bin eine Eintagsfliege!»

Nun ist es also so weit. Du hast es bis zum letzten Goodie dieses Buches geschafft. Und so möchte ich gleich aufhören, wie ich begonnen habe und wie auch schon Halbzeit gefeiert wurde: Mit einer Story aus dem Fliegenreich. Ich habe mir dabei Wikipedia zu Hilfe genommen, was – das möchte ich ausdrücklich erwähnen – keine wissenschaftlich akzeptierte Quelle ist (zumindest in der Kanti). Ich bin trotzdem zuversichtlich, dass ich dir nochmals ein paar Facts weitergeben kann.

Erschreckende Erkenntnis Nummer 1 meiner Recherche war: Eine Eintagsfliege lebt nicht zwingend genau einen Tag. Manche leben nur ein paar Stunden, andere bis zu vier Tagen. Aber kurz leben sie, das ist korrekt.

Dann las ich über den Lebenszyklus dieser Eintagsfliegen. Eier werden gelegt und die Tierchen schlüpfen. Zuerst sind sie Larven, und wachsen zur Fliege heran. Sobald sie «erwachsen» sind, erledigen sie noch kurz die Fortpflanzung, nehmen aber keine Nahrung mehr zu sich und sterben kurz danach. Klingt für mich nicht nach einem sehr aufregenden Leben.

Und daher kommt wohl auch die gesellschaftliche Bedeutung. Wenn etwas eine Eintagsfliege ist, ist es kurz mal cool, ein kleiner Hype, ein Strohfeuer, welches nach kürzester Zeit wieder weg ist. Etwas, was eben keinen bleibenden Eindruck hinterlässt, keine wirkliche Veränderung bewirkt. «Etwas, was nur kurze Zeit Bedeutung hat oder besteht, was ohne Dauer ist», um Duden zu zitieren.

Ich weiss nicht wer du bist, lieber Leser… Ich kenn dich nicht, womit du gerade zu kämpfen hast, wie es dir geht, was der Glaube in deinem Leben bedeutet. Aber einen Wunsch, eine Aufforderung hab ich für dich: Lass deinen Glauben keine Eintagsfliege sein, welche im Erwachsenenstadium keine Nahrung mehr aufnimmt und nach kürzester Zeit tot ist. Kämpf um einen Glauben, der standhält, der beständig bleibt, auch in den schweren Zeiten im Leben. Bau deinen Glauben nicht auf das, was du mal gehört oder gelesen hast. Suche nach der persönlichen Beziehung mit dem echten, lebendigen und wahren Jesus. Das wird am Ende das Fundament sein. Nicht das Fundament, welches dir alle Sorgen blitzblank aus dem Leben räumt. Aber ein Fundament, welches dich sicher zur Ziellinie bringt!

Ich freu mich mega, dass auch das Goodie-Projekt nicht zur Eintagsfliege wurde, was mal 10 Folgen funktionierte, sondern dass das ganze zwei Jahre lang Bestand haben konnte. Für über 100 Stück hat's gereicht, die meisten davon haben es in dieses Buch geschafft. Dass nicht alle auf dem gleichen Level sind ist mir bewusst, und dass nicht jedes Thema jeden gleich anspricht natürlich auch. Aber wenn ich dir einmal ein Lächeln aufs Gesicht zaubern konnte, wenn du vielleicht sogar mal etwas mitgenommen hast, was dein Leben bereichert hat, dann freut mich das mega!

So. Das wars. RIP Goodies. Oder auch «Ruhe in Fliegen», wie man auf Deutsch sagt.

SPEZIALGOODIE

Der Weihnachtsgoodie, 26.12.2018

LINKS/QUELLEN

Danke John McCain
https://www.youtube.com/watch?v=JIjenjANqAk
Kämpfen bis zur Ziellinie
https://www.youtube.com/watch?v=g93TYrtDxwA
Hinschauen tut weh
https://www.youtube.com/watch?v=c3VYI4clRgE
Alles vergebens
https://www.youtube.com/watch?v=HBup5B1QTqY
Oscar ohne Füllung
https://youtu.be/Jf4hSjUNInU?t=80
Heal the world
https://www.youtube.com/watch?v=1hBVqgxA_Cg
Der arme Frühaufsteher
https://www.youtube.com/watch?v=MMYt4xL5SD8
Kein Sprit im Tank
https://www.srf.ch/play/tv/sportlive/video/aegerter-geht-das-benzin-aus?id=7ca240d9-9d6d-40d8-a046-a67f8182612e
Tim
https://open.spotify.com/track/5wDEpyfLtnOkJx9GuG4dDz?si=m8lsAqDvS-ROZVrjHFAdFMQ
Luftiges Gebet
https://www.youtube.com/watch?v=XggxeuFDaDU&feature=youtu.be
Von guten Mächten
https://de.wikipedia.org/wiki/Dietrich_Bonhoeffer
Die Gretafrage
https://emk-aarau.ch/podcast/#Folge5
Jesus ohne Brillen begegnen
https://streetchurch.ch/40tage/

INHALT - GOODIES